海上絲綢之路基本文獻叢書

印度小史
馬來亞歷史概要

滕柱 譯／張禮千 著

文物出版社

圖書在版編目（CIP）數據

印度小史·馬來亞歷史概要 / 滕柱譯 ; 張禮千著
. -- 北京 : 文物出版社, 2022.7
（海上絲綢之路基本文獻叢書）
ISBN 978-7-5010-7648-2

Ⅰ. ①印… Ⅱ. ①滕… ②張… Ⅲ. ①印度－歷史②馬來西亞－歷史 Ⅳ. ①K351.0 ②K338.0

中國版本圖書館 CIP 數據核字（2022）第 086127 號

海上絲綢之路基本文獻叢書
印度小史·馬來亞歷史概要

著　　者：滕柱　張禮千
策　　劃：盛世博閱（北京）文化有限責任公司

封面設計：鞏榮彪
責任編輯：劉永海
責任印製：蘇　林

出版發行：文物出版社
社　　址：北京市東城區東直門内北小街 2 號樓
郵　　編：100007
網　　址：http://www.wenwu.com
經　　銷：新華書店
印　　刷：北京旺都印務有限公司
開　　本：787mm×1092mm　1/16
印　　張：14.5
版　　次：2022 年 7 月第 1 版
印　　次：2022 年 7 月第 1 次印刷
書　　號：ISBN 978-7-5010-7648-2
定　　價：98.00 圓

總緒

海上絲綢之路，一般意義上是指從秦漢至鴉片戰爭前中國與世界進行政治、經濟、文化交流的海上通道，主要分爲經由黄海、東海的海路最終抵達日本列島及朝鮮半島的東海航綫和以徐聞、合浦、廣州、泉州爲起點通往東南亞及印度洋地區的南海航綫。

在中國古代文獻中，最早、最詳細記載『海上絲綢之路』航綫的是東漢班固的《漢書·地理志》，詳細記載了西漢黄門譯長率領應募者入海『齎黄金雜繒而往』之事，書中所出現的地理記載與東南亞地區相關，并與實際的地理狀况基本相符。

東漢後，中國進入魏晉南北朝長達三百多年的分裂割據時期，絲路上的交往也走向低谷。這一時期的絲路交往，以法顯的西行最爲著名。法顯作爲從陸路西行到印度，再由海路回國的第一人，根據親身經歷所寫的《佛國記》（又稱《法顯傳》）一書，詳細介紹了古代中亞和印度、巴基斯坦、斯里蘭卡等地的歷史及風土人情，是瞭解和研究海陸絲綢之路的珍貴歷史資料。

隨着隋唐的統一，中國經濟重心的南移，中國與西方交通以海路爲主，海上絲綢之路進入大發展時期。廣州成爲唐朝最大的海外貿易中心，朝廷設立市舶司，專門管理海外貿易。唐代著名的地理學家賈耽（七三〇～八〇五年）的《皇華四達記》記載了從廣州通往阿拉伯地區的海上交通『廣州通夷道』，詳述了從廣州港出發，經越南、馬來半島、蘇門答臘半島至印度、錫蘭，直至波斯灣沿岸各國的航綫及沿途地區的方位、名稱、島礁、山川、民俗等。譯經大師義净西行求法，將沿途見聞寫成著作《大唐西域求法高僧傳》，詳細記載了海上絲綢之路的發展變化，是我們瞭解絲綢之路不可多得的第一手資料。

宋代的造船技術和航海技術顯著提高，指南針廣泛應用於航海，中國商船的遠航能力大大提升。北宋徐兢的《宣和奉使高麗圖經》詳細記述了船舶製造、海洋地理和往來航綫，是研究宋代海外交通史、中朝友好關係史、中朝經濟文化交流史的重要文獻。南宋趙汝適《諸蕃志》記載，南海有五十三個國家和地區與南宋通商貿易，形成了通往日本、高麗、東南亞、印度、波斯、阿拉伯等地的『海上絲綢之路』。宋代爲了加强商貿往來，於北宋神宗元豐三年（一〇八〇年）頒佈了中國歷史上第一部海洋貿易管理條例《廣州市舶條法》，并稱爲宋代貿易管理的制度範本。

元朝在經濟上採用重商主義政策，鼓勵海外貿易，中國與歐洲的聯繫與交往非常頻繁，其中馬可·波羅、伊本·白圖泰等歐洲旅行家來到中國，留下了大量的旅行記，記録元代海上絲綢之路的盛況。元代的汪大淵兩次出海，撰寫出《島夷志略》一書，記録了二百多個國名和地名，其中不少首次見於中國著録，涉及的地理範圍東至菲律賓群島，西至非洲。這些都反映了元朝時中西經濟文化交流的豐富内容。

明、清政府先後多次實施海禁政策，海上絲綢之路的貿易逐漸衰落。但是從明永樂三年至明宣德八年的二十八年裏，鄭和率船隊七下西洋，先後到達的國家多達三十多個，在進行經貿交流的同時，也極大地促進了中外文化的交流，這些都詳見於《西洋蕃國志》《星槎勝覽》《瀛涯勝覽》等典籍中。

關於海上絲綢之路的文獻記述，除上述官員、學者、求法或傳教高僧以及旅行者的著作外，自《漢書》之後，歷代正史大都列有《地理志》《四夷傳》《西域傳》《外國傳》《蠻夷傳》《屬國傳》等篇章，加上唐宋以來衆多的典制類文獻、地方史志文獻，集中反映了歷代王朝對於周邊部族、政權以及西方世界的認識，都是關於海上絲綢之路的原始史料性文獻。

海上絲綢之路概念的形成，經歷了一個演變的過程。十九世紀七十年代德國地理學家費迪南・馮・李希霍芬（Ferdinad Von Richthofen，一八三三~一九〇五），在其《中國：親身旅行和研究成果》第三卷中首次把輸出中國絲綢的東西陸路稱爲『絲綢之路』。有『歐洲漢學泰斗』之稱的法國漢學家沙畹（Édouard Chavannes，一八六五~一九一八），在其一九〇三年著作的《西突厥史料》中提出『絲路有海陸兩道』，蘊涵了海上絲綢之路最初提法。迄今發現最早正式提出『海上絲綢之路』一詞的是日本考古學家三杉隆敏，他在一九六七年出版《中國瓷器之旅：探索海上的絲綢之路》中首次使用『海上絲綢之路』一詞；一九七九年三杉隆敏又出版了《海上絲綢之路》一書，其立意和出發點局限在東西方之間的陶瓷貿易與交流史。

二十世紀八十年代以來，在海外交通史研究中，『海上絲綢之路』一詞逐漸成爲中外學術界廣泛接受的概念。根據姚楠等人研究，饒宗頤先生是華人中最早提出『海上絲綢之路』的人，他的《海道之絲路與昆侖舶》正式提出『海上絲路』的稱謂。選堂先生評價海上絲綢之路是外交、貿易和文化交流作用的通道。此後，大陸學者馮蔚然在一九七八年編寫的《航運史話》中，使用『海上絲綢之路』一詞，這是迄今學界查到的中國大陸最早使用『海上絲綢之路』的人，更多地限於航海活動領域的考察。一九八〇年北京大學陳炎教授提出『海上絲綢之路』研究，并於一九八一年發表《略論海上絲綢之路》一文。他對海上絲綢之路的理解超越以往，且帶有濃厚的愛國主義思想。陳炎教授之後，從事研究海上絲綢之路的學者越來越多，尤其沿海港口城市向聯合國申請海上絲綢之路非物質文化遺産活動，將海上絲綢之路研究推向新高潮。另外，國家把建設『絲綢之路經濟帶』和『二十一世紀海上絲綢之路』作爲對外發展方針，將這一學術課題提升爲國家願景的高度，使海上絲綢之路形成超越學術進入政經層面的熱潮。

與海上絲綢之路學的萬千氣象相對應，海上絲綢之路文獻的整理工作仍顯滯後，遠遠跟不上突飛猛進的研究進展。二〇一八年厦門大學、中山大學等單位聯合發起『海上絲綢之路文獻集成』專案，尚在醖釀當中。我們不揣淺陋，深入調查，廣泛搜集，將有關海上絲綢之路的原始史料文獻和研究文獻，分爲風俗物産、雜史筆記、海防海事、典章檔案等六個類别，彙編成《海上絲綢之路歷史文化叢書》，於二〇二〇年影印出版。此輯面市以來，深受各大圖書館及相關研究者好評。爲讓更多的讀者親近古籍文獻，我們遴選出前編中的菁華，彙編成《海上絲綢之路基本文獻叢書》，以單行本影印出版，以饗讀者，以期爲讀者展現出一幅幅中外經濟文化交流的精美畫卷，爲海上絲綢之路的研究提供歷史借鑒，爲『二十一世紀海上絲綢之路』倡議構想的實踐做好歷史的詮釋和注脚，從而達到『以史爲鑒』『古爲今用』的目的。

凡例

一、本編注重史料的珍稀性，從《海上絲綢之路歷史文化叢書》中遴選出菁華，擬出版百册單行本。

二、本編所選之文獻，其編纂的年代下限至一九四九年。

三、本編排序無嚴格定式，所選之文獻篇幅以二百餘頁爲宜，以便讀者閱讀使用。

四、本編所選文獻，每種前皆注明版本、著者。

五、本編文獻皆爲影印，原始文本掃描之後經過修復處理，仍存原式，少數文獻由於原始底本欠佳，略有模糊之處，不影響閱讀使用。

六、本編原始底本非一時一地之出版物，原書裝幀、開本多有不同，本書彙編之後，統一爲十六開右翻本。

目録

印度小史

印度小史

滕柱 譯

民國十四年上海商務印書館《少年史地叢書》鉛印本

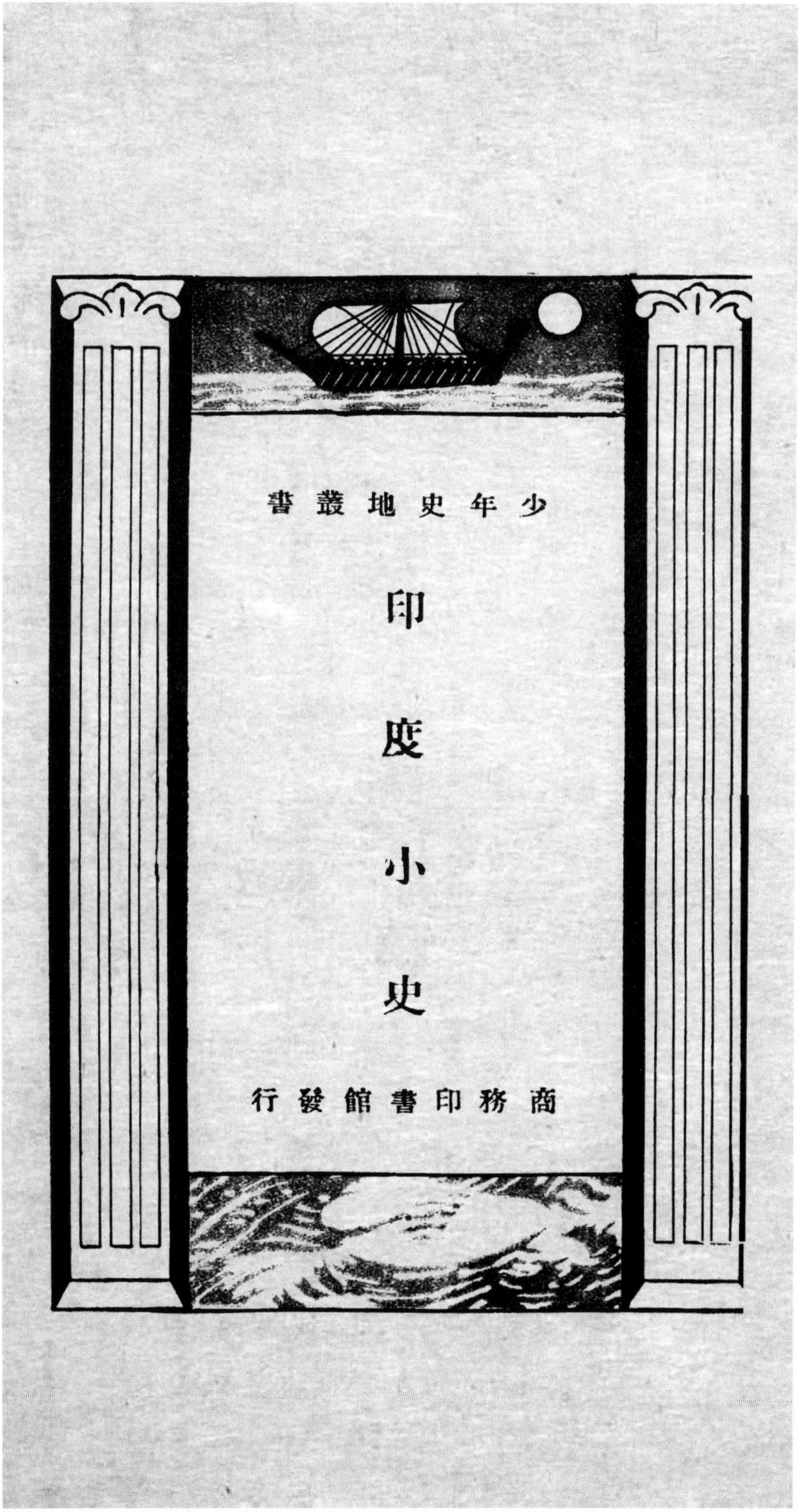
少年史地叢書

印度小史

商務印書館發行

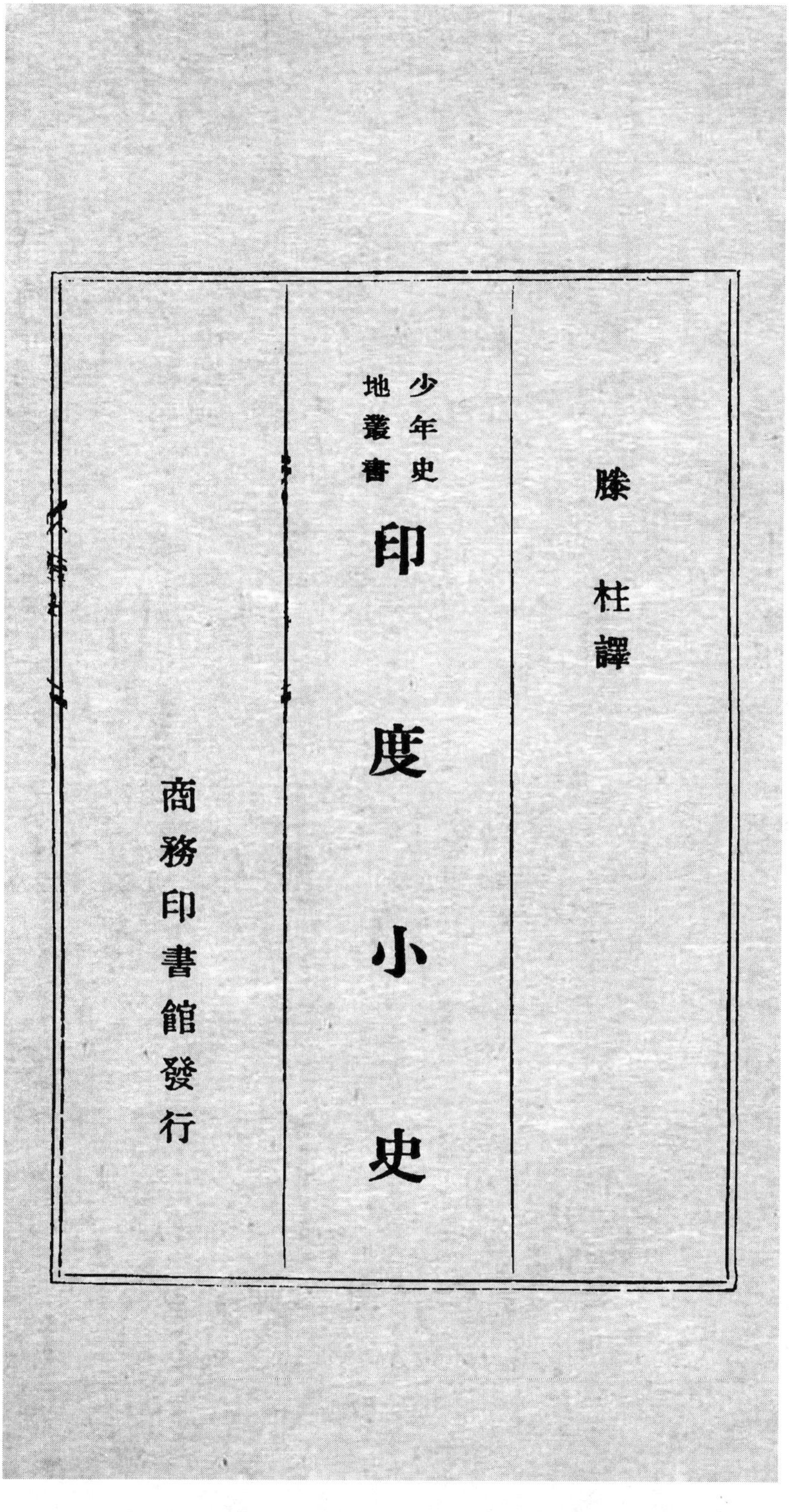

滕柱譯

少年史地叢書

印度小史

商務印書館發行

印度小史

目錄

印度小史

第一章　印度民族的來源

如果我們翻開亞細亞洲的地圖一看，就可以看見有一個大的紅舌頭似的地方伸入南面的海洋裏。這便是印度國，她的疆域，和除去俄羅斯的歐洲一般大。

這裏是亞洲最秀麗的部分有雄偉的山脈，有廣闊的沃原有奇異的林地有壯麗的河流，讀到下文便知道裏的人民有許多種族，他們的祖先，都在幾千年前組織著大軍隊來到印度；在得以安居於此之前，對於驅逐當地的土人，還有顯赫的戰功。

我們（英國人）是應當表示一種特別興味於印度的人民的，因在許多許多年以前，我們（英國人）的祖先，也和他們同宗同族。這祖先便叫雅利安（Aryans）人。他們住在中亞細亞的高原上，以生以息，以庶以強，後來人口衆多，勢力澎漲起來，便有許多支派，要離開本土，去另覓新鄉。

約莫在基督降生前二千年的光景，約當亞伯拉罕到迦南 (Canaan) 時，我們雅利安祖先中，便有大隊的人衆帶著他們的妻子兒女與家產，離開那高原上的老家。但是他們並非都向一條路上進行的。有的以爲向西去最好，有的，却又決定向東南去尋覓新鄉。

那些向著西方遷移的人，漸漸的佈滿了現在的歐羅巴洲，在數千年中，成功了那歐洲許多不同的民族。至於那些移向東南的人，跨過許多的大山，終究到了印度那塊溫暖的平地。在這裏他們發現了一種奇異的民族。這種土人乃是世界荒古時代的遺民，我們現在對於他們的事情，卻是知道的絕少的。

這種土人打獵打仗時所用的傢伙，都是些石斧和別種石造的器具，我們在今日，若到博物院去，還可看見。然在他們之前，還有一種更爲野蠻的人哩。他們所用的瑪瑙刀及粗石器，今日在納巴達 (Narbada) 流域裏，也還常常被人發掘出來。

這些埋於地中的器具，便是賴以考查各荒古民族的惟一憑藉，然在雅利安人敬神時所唱的吠陀經詩歌，或稱「光明之神」裏面，我們又得著另一種憑藉，便是歌中往往提到他們所見的印度土人，是「沒有鼻子」的人種。「沒有鼻子，」當然是鼻準平扁的意義了，可見必是蒙古民族。這幾個字很是要緊，因爲藉著牠們，我們可以更遠一點窺入古世界的黑暗裏，而知雅利安人未來之前許久，還有這種蠻民，從蒙古一帶，跨過高山，來到印度哩。

那在他們以前使用瑪瑙和粗石的人種，爲他們所戰勝，是無疑義的。可是雅利安人，比他們的文化，還來的高。披著甲冑，頂著頭盔，騎著戰馬，駕著戰車，弓箭刀斧，無一不備，所以他們高視闊步的侵入印度，正和以色列人(Israelites)侵入迦南一般，所到處，蠻民飛逃，直到把印度狹部的起點，大納巴達流域以北地方，盡歸掌握方休。

這個流域，——流於其中的，便是納巴達河，——橫經那塊現在稱爲得坎(Deccan)地方的北部。叢林密集，山脈縱橫，那蠻野的土人，便憑高據險，以避去雅利安人，正和布里冬(Britons)人利用威爾斯(Wales)的山境，很奏效的抵禦了薩克遜人(Saxon)一般。雅利安人雖有較利的兵器，然終不能打過山徑，而入得坎，所以只得滿意於得坎以北的區域而已。這塊北境地方，後來便叫做印度斯坦(Hindostan)。

關於這些遁入山林的蠻族，最奇異的，是他們不但沒有滅種，並且還能不隨時代而進化，直到今日，頑劣無文，還是和初時一般。他們的後裔，仍居於印度的山境中，依算計，在今日的人數，大約仍有二千萬人。他們彷彿是荒古時代的活化石，仍是崇拜蛇，樹山河，以及一切對於他們，似乎可怕可異的東西。還有一層，他們的言語，也還和他們的祖先在四千年前雅利安人未來之先所用的，一般無二。

雅利安人既趕跑了印度的土民，便安居樂業在這片新土，而成爲今日印度民族的始祖。如果你以他們既與歐洲民族，同屬雅利安族，而乃大不相似爲可怪，那末請你記取這兩大支的移民，一向歐洲，一向印度，從分別以來，已經好幾千年了。從那時起，這兩半的雅利安人，各有各的氣候，各有各的環境，已歷四十世紀。這便是今日所見的印度人和歐洲人，所以會有這麼多的異點，的原故。

歐洲的雅利安人，大部分仍爲強壯而活潑的民族，而印度的雅利安人，卻已失去了這種偉大的性情。他們住在溫柔和暖的印度平原上，爲時愈久，便愈弱愈懶起來。因此到後來，別種強而耐苦的民族，侵入印度時，雅利安人便被打得落花流水，正和從前他們攻擊土民的一般。

可是正和雅利安人漸變懶弱一樣，這種新來的人也不能免。印度斯坦的熱原裏缺乏新鮮而活潑的海風，和提人精神的山境中的寒冷，所以性能耐苦的北方民族，一到這裏，剛把印度民族戰勝，便已為印度天氣所降：堅決的意志，強壯的手腕，敏銳的目光，便一變而成恬靜的容貌，斯文的手腕，如醉如夢的心神。

由此看來，我們就知道因為什麼這個國度裏的居民，會屢屢受人侵襲，又為什麼在英國人沒有宰制全國，肅清擾亂以前，印度的歷史，會是一個可怖的戰爭殘殺摧毀的長故事。便是印度各民族，一起聯合起來，成功一個民族，外來的侵侮，尚不能免，何況他們又是分而又分，各族有各族的宗教，各部各有各部的風俗，且有多數互為切齒的深仇的呢。

所以印度民族這四個字，是聯絡不起的。城中不單在民族上，言語上，彼此相異，像歐洲的塞爾特(Celt)，刁頓(Teuton)，羅馬，司拉夫(Slav)，互相歧別一般；並且還有兩種宗教，一名印度教，(Hindu)一名回回教，彼此尋仇，到如今還是互相反對的。

（譯者按言語不同，不足以爲統一之障礙。瑞士國裏的各州治，有的說法國話，有的說德國話，還有一洲說意大利話，然仍不失其統一的精神，便是一個例證。至於說民族歧異宗教不同，便沒有統一的可能，更是一面之辭，未足爲信。試問印度因民族複雜，宗教不同，尚且不能統一；那末，英國本已有了國教，本已包含着許多不同的民族，今又吞併印度，那豈非民族更複異，宗教更歧別了嗎？怎樣又能統一呢？）

因此，印度而欲得到一個強有力而能統一的政府，惟一的法門，只是受別國的宰制，而這所謂別國的，又應和英國似的，建國於寒冷而不失其活潑精神的氣候中，因而所遣派的官吏兵士民僕，都滿有能力，可以保守土地，使印度國中各種各族，不致再起紛爭。其實話又說回來了，今日住於印度的雅利安人，不過爲一部分同族的人的子孫所治理而已，因爲前已說過，當印度人的祖先，超越北部高山，來到印度平原時，他們的族中，又有一部向西移去，便是我們（英國人）的祖先。

（譯者按：日本人主張中國該歸他們治理，所藉口的也不外乎這兩個理由：（一）中國不能自治，必須受治於人；（二）有治理中國的資格的，以同文同種，而位置又最適宜的日本爲合格。閱者若以爲日本人對於中國的行徑，是侵略主義，帝國主義，英國對於印度所持的主義，也不可被作者瞞過。）

這一章所講到的，是遠古印度歷史中的黑暗時代。那時的細情，我們知道的很不多。可是讀了這章，我們便能對於下文所講，更有興味，正和要知道一株樹的性質，必先曉得埋於地下看不見的一切巨根，才能更有興味，理由相同。

第二章　亞歷山大侵犯印度

上章所述的事情，遠在許多許多年之前，所以讀的人和寫的人，都似乎覺著不大清楚，譬如在黑夜裏提著燈籠尋物一般。

這一章講到第二個時期了，其中事迹，看上去雖較明晰，卻仍或隱或現於稀微的晨光中。期裏的大事件，多是大侵掠，大爭戰。所幸其中尙有一件因爲侵犯的人所帶的軍隊裏，有許多著述家與科學家，一到印度便把各人所聞所見詳詳細細記錄了下來因之我們對於那時的事，還是這一件特別知道的多些。

這件大事是什麼呢？便是亞歷山大率領希臘軍隊侵犯印度。這事的發生，乃在西歷紀元前三百二十七年；印度和歐洲的直接接近，卽以此爲第一次。然在這事之前，印度二字，歐洲人也曾聽見過的。印度的貿易品早已達到埃及與巴力斯坦，藉著這二國的商人便被販到歐洲。所以賀馬曉得許多印度商品的古印名或梵語名；而聖經裏所載的印度製物，也曾有人爲之開列長單。

但是直到希臘與馬西頓(Macedonian)軍隊，隨著亞歷山大的指揮經過小亞西亞(Asia Minor) 和波斯(Persia) 來到印度時，歐洲人和印度人才作面對面的晤會哩。這一次，實是自一千年前，他們的祖先分道揚鑣後，兩半部的雅利安人第一次的會面。我們現在，罔不能不以亞力山大軍中那些精巧的歷史家科學家的記載，已經軼失爲缺憾，所幸他們的著述，還有許多可以東鱗西爪，斷簡殘編的發現於古代著作家，如斯屈拉波 (Strabo)，普利尼 (Pliny) 亞里安(Arrian)等人的遺著裏。

我們知道亞歷山大渡過了那印度因以得名的印度斯河 (Indus River)，便指纛東南，到一塊位於海達泗披河 (Hydaspes) 或現稱的吉拉木 (Jhelum) 河上的地方名叫遮拉爾浦爾 (Jalalpur) 的那裏去。其時印度那塊地方的國王名叫波勒斯 (Porus) 也是一員大將，很早的時候，他的探子已經把亞力山大的來路告訴了他，所以他便預備了一個大軍隊，戰象二百頭，戰車數百乘，開到河岸去制止侵犯者的渡河入境。

亞歷山大立即知道在這個地點，大軍是必不能够渡河的，便把大隊的軍兵，藏在幾個小山後面，卻去探覓別處無備的地方，預備偷渡過去。探子不久，就在上流十里處，尋到一塊地方，河中有個林樹叢雜的小島，河那面又有個山嘴，也是樹林密集的，因此若從這裏潛師渡河，很是容易。

爲使波勒斯以爲他們尚在對岸等候機會起見，亞歷山大便把大部份的人馬，留在遮拉爾浦爾，自己只帶六千步卒，一萬馬卒，祕密悄靜的，經過小山間崎嶇的深谷，來到探子尋得的那塊地方。這樣的計畫，使他足足繞了十七英里的道路，到中夜時方才達到目的地點，便在風雨交作，雷電爭馳中，渡過河那邊了。

波勒斯也不是忽略的人，沿岸一帶，寸寸節節，都有守望的兵卒。所以一得希臘軍隊已由上流渡河的消息，立即遣派他的兒子，帶著戰車馬隊去制止他們。於是兩下交鋒於離渡河處二英里的地點。這場惡戰，殺得分外驚人。結果：波勒斯的兒子殺死了，亞歷山大所愛的馬——有名的布西非勒斯（Bucephalus）。亞歷山大，卻殺死了這王子自身。

這場惡戰，卻給了波勒斯一個布置軍隊從容迎敵的機會。所以亞歷山大到時，印度軍已經排成了一條四英里長的陣線了。陣線的前列，每隔三十英尺，立著一個大戰象，後面便是一隊黑漆漆的步兵。至於戰車與馬隊，却安置在陣的兩翼。這種戰陣必有很可畏的外觀的。亞歷山大帶著馬軍，馳前一看，便知那陣的正面，巨象當前，步兵集後，沒有可乘之隙。於是想到自己的馬隊數目比波勒斯多，便決意從兩翼進攻。他的計謀，很是奏效。波勒斯的馬軍與戰車，當不住亞歷山大的馬軍人多勢盛，就漸漸的圍到垓心，和步兵戰象絞做一團了。

爲自救計，波勒斯發令叫把二百隻戰象，衝突敵軍。這些大的動物，得著步兵的幫助，便向前衝去，希臘人爲所逼退了，好些時候。於是亞歷山大急了，便叫衆兵亂箭亂鏢，盡向象羣射去，至終這些大動物，既受了傷，又著了嚇，便發狂也似的，橫衝直突起來，不論友敵，一律踐踏。這種景象，必然是萬分可畏的！波勒斯的軍隊因以大亂，馬隊咧，戰車咧，盡成粉碎，他的步隊的陣脚，也爲敵人的馬軍所動搖。於是隔岸觀戰的亞力山大的大隊軍馬，就奪路過河，加入戰鬥。印度軍擋不住，立刻四散奔逃，而其中多數，都在退卻裏被殺。

波勒斯既敗，卻立即與亞歷山大成了至交，這是著者所樂爲稱道的。此後亞歷山大又繼續趨向東南，因爲他曾聽見過恆河(Ganges)的偉大，極想前去一觀。可是這已做不到了。他和他的英武的軍隊，已經做到了他種軍隊從來做不到的事，他們從家鄉希臘與馬西頓起程，現已走了好幾千里。跨過了時人所不知道的大山，熱地，寬河，又戰勝了許多反對他們的強敵。

可是現在印度的酷熱，和西南定期風裏的旋風，起始阻止他們了。我們應當記得，那時的戰爭，實比現在困難的多。現在呢，軍人都只穿著輕裝，交鋒時通常也要隔開槍砲之力所能及到的遠近。但在古代，打戰時，都是相離很近，拿著沉重的刀槍矛盾等物，互相決勝的；身上又穿戴著重的盔甲，所以一個人若不是強有力的體育家，在那些兇猛的戰場中，實在很少得生的希望。

又經過了一年多的惡戰與遠征，亞歷山大的軍隊，漸漸覺得他們已經走得够遠了。不單是有許多的仇敵，和深闊的河流，橫阻於前，且在後面，也興起了仇敵，要在他們偶或失利而向回退卻時截斷歸途。因此，大家都想回家，而亞歷山大雖然十分的不願意，也只好在俾阿斯（Bias）河的岸邊，班師回去。這俾阿斯河，便離好幾百年後英人與塞克人（Sikhs）交鋒大戰的索布剌溫（Sobraon）戰場不遠。

我們不必又隨著這馬西頓大王的軍旅，半由陸地，半由海中，一路退回波斯了。所要說的，不過是他們在北印度各處地方，建了城市，置了守兵，而這些古希臘城市的遺迹，在現代還能在許多地方看見。便在今日，亞歷山大的巨名，在印度每一個小村落裏，還是受人尊敬；村中的醫生，還在那裏自誇所用的藥，是希臘人所曾用的呢！可是以我們的眼光往回瞧，只覺得亞歷山大和他的軍隊的遠征，不過是個希奇的冒險：時間問題，已把這事的效果，盡數抹出了。這件事，一點也沒有把印度人西方化，便在歐印兩地的聯合上，也沒有做到什麼歷久不渝的地步呀。

第三章　回回軍侵犯印度

到了這裏，我們又得很匆促的度過一個好幾百年的時代了印度人一經任其自爲生活，便沒有可靠的著作者，告訴我們他們所遇的事情的。那時候的一切故事，都充滿了戰爭，侵伐和印度英雄的奇績，十中有九，只是浪漫無稽的寓言而已，我們從中簡直得不到一點兒眞的事實，直到西歷紀元後七一二年，回教軍侵入國中回軍和亞歷山大一般，也帶著歷史家和記錄者一同到來；他們雖然並非盡美，却是記載實事的心，比較創造寓言的心，來得急切的多。

他們把印度北部和西北的一切民族，都引歸回教，但在印度本土，卻只留住了四十年，即使離開；再到時，已在二百餘年之後了。到九九七年，當斯汶（Sweyne）和加紐脫（Canute）治理英國的時候，在阿富汗（Afghanistan）一個名叫嘎自尼（Ghazni）的地方，有一個兇猛的回教皇帝，叫做馬穆德（Mahmud）。他見印度人不屬於他的宗教，十分惱恨，便決意要施以攻擊，把他們的國家搶掠幾番。

他曾十二次侵犯印度，每次都是印度軍打敗仗。雖然他並沒有留居此地，却搶掠了無量數的珍貨，打破了許多的寺院，毀滅了廟中一切的偶像而歸。

他對於印度的末次侵犯，有件趣事很有述說的價值。嘎自尼的馬穆德，聽說印度有個大寺院，他還沒有看見院址，坐落在西部印度的海邊，名字叫做索姆納斯廟 (Temple of Somnath)。這個廟裏有個大偶像。馬穆德是恨惡偶像的，就立心立意要再侵入印度去毀滅牠。其時，大家都說廟中藏著無量數的珍寶，歲久年深，愈積愈衆。在馬穆德的心中，或竟以爲把珍寶帶回，和打倒偶像，有同等的好處，也說不定呢。不管他的動機怎樣，他總帶了軍隊，再入印度，作那十二次和末次的遠征了。

印度的王子，沒有一個能夠阻止他。可是有多數的印度戰士，都跑到那個大廟裏，因爲這個廟的四周，有堅固的圍牆，和強有力的堡壘，藉著圍牆與堡壘的幫助，這些勇敢的守兵，可以出其死力以抵禦馬穆德的各種攻擊。但至終防禦的人看見不能再和這巨大的阿富汗軍隊相持了，便乘黑夜逃上船，搖入海去。

第二天，馬穆德的軍隊再施攻擊時，城上已經一個保衛的人都沒有了。不久馬穆德便和他的將士騎馬入門，只見全廟已和墳墓一般的靜寂。於是他們就仔仔細細的把這所大廟閣閣閣閣，澈底嚴搜，可是終於一點也查不出那聞名已久的大寶庫。他們心中莫不以爲這是護衛的人，把寶庫帶走了吧。

無論如何，馬穆德是決定要把那座直立中庭的巨偶像毀滅了的。可是當他手裏拿著大斧，走進中庭時，只見一大羣的僧人從一個祕密的藏匿所裏奔出來，哀求饒恕他們的神道。他們說，廟中的寶藏已被移出，正和馬穆德自己所猜擬的相同；可是他們情願出一筆大款給他，只要他不傷害那站在面前的神道的石像。

但是馬穆德拒絕他們的哀懇，這樣說：「滾開！我來，爲的是毀滅偶像，並不是要來賣牠們。」於是舉起重斧，對準石像，便是儘力的一擊，聲震全廟。馬穆德和他的將士，這才驚的呆了！那偶像破成兩半，裏面是空的，石頭又很薄。不但如此！裏面還有無數的寶石，金剛鑽，和洪水一般，瀉了出來。這便是廟中祕密的寶藏。一代一代傳來廟中的僧侶，把所有的最美最貴的珍寶，貯藏在大偶像裏面，已成一種風俗。若不是馬穆德的大斧，阿富汗的侵掠者，恐怕永不會尋得著牠們呢。

馬穆德立刻帶著這一大堆的珍寶，和那壯嚴華麗的檀香木做的大廟門，啟程回家。但是他的歸途，是非常艱險的。印度軍隊日夜不息的追擊他。印度僧人，詐做他們的嚮導，把他們引領到辛德(Scinde)的荒涼沙漠中，因此數千軍士們又渴又熱，一個個都發狂似的了。所以他的大軍，得以回到嘎自尼城的，只有一些軟弱而疲敝的殘餘軍隊。

從那時起，直到一一七六年，印度的歷史，繼續着是個不斷的戰爭流血，而毫無結果的故事。但是到了一一七六年，却有一件要緊的事件發生。一個偉大的阿富汗酋長，名叫穆罕默德哥來(Mohammed Ghori)，戰服了印度斯坦的大部分。他並不像嘎自尼的馬穆德似的，以毀壞偶像，搶掠珍寶為滿足，却在印度建設了一個回教王國，並且役使印度人，和戰勝者威廉 (William the Conqueror)於黑士汀戰 (Battle of Hastings) 後，待遇薩克遜人一般。這一回實可說是印度有個似乎強有力的政府的第一次。不過穆罕默德哥來一死，這王國便又分裂起來，而在各回皇中間，又發生了長期的戰爭，都想獲得至尊的王位。那時的情形，正和薩克遜英國正在或前於赫普忒啓 (Heptarchy) 時的情形一般。印度的王子，固也時有崛起而自謀獨立的；可是大致說來印度人民這時實被視爲劣級的人種，備嘗可怕的壓制淫威啦。

從下面這個故事裏我們可以略略的知道當時殘忍的情況。這件事看起來，似乎非常可怕，其實也不過是發生於當日的印度許多同等可怕的事中的一件而已。在英國正是愛德華一世(Edward I)在位的時候。

那時候，印度最大強國是德利(Delhi)的回教國；在位的皇帝名叫阿拉丁(Alaud-deen)，在「天方夜譚」(Arabian Nights)那部書裏，這名字是寫做(Aladdin)的。在印度斯坦的西南方有一族勇敢的印度人名叫拉奇普特民族(Rajputs)的，自力建造了一個王國，牠的京都便是莊嚴壯麗的赤托爾(Chitor)，爲阿拉丁所決意要取的。

阿拉丁會集了大軍，侵入喇其普他拿(Rajputana)便把赤托爾包圍起來。這個城，是建在一個大的多崖石的小山上的。城中的宮殿與廟宇，居高臨下，可以望見四周的地方。牠的堡壘包圍著許多的大建築，至今仍屹立於向日所建的山頂，大有一夫當關，萬夫莫開的氣概。

拉奇普特人糧食未盡時，雖處四面包圍之中，對於回軍的各種攻擊，都能抵禦，毫無破綻可乘。可是城中的糧食終於用盡了，守無可守，危日已臨，於是他們便召聚會議，決定此後的方針。只有這條道路，——不是降便是死。可是這自尊的拉奇普特人，毫不躊躇，卒取了死。他們的妻女，知道會議中的決定，也都同意，說死是上策無疑。

於是他們就預備了一個大的自盡典禮，雖然可怕，但在那種無法無天的時候，却非常有的事情。大堆大堆的柴薪和引火之物，加於其上的，便是他們所有的珍寶，就在堡中一個小山上堆了起來。各事俱備，皇后就帶著全體婦人，共有一千三百人，會集在一個大的送葬的行列裏，——一個一同死亡的送葬，——整齊嚴肅的，向那木料大黑堆所在的地方進行。

圍立於柴堆的四周，便是拉奇普特的戰士，穿著深黃色的禮衣，拿著明閃閃的戰刀，和點著的火把，預備去成全他們妻女們的可怕的犧牲。婦女們一起上了柴薪所築的大臺，火把也就立刻加上。等到火光火焰，已從這可懼的爐竈裏騰躍而起，拉奇普特人就拉開赤托爾的城門，帶著刀，衝將出來，向他們的仇敵，做末一次的決死的衝鋒猛戰。

其中多數都被斬殺了，只有幾個，逃入阿剌發利山裏(Aravalli)。於是阿拉丁帶領軍隊，穿過死人堆，進入赤托爾的大石堡。但見城中的婦女自焚堆，還在發生火煙火焰呢。所以到底德利的皇帝除了拉奇普特那坐空城以外，什麼也沒有贏得來。這個故事可怕是眞可怕的，但是牠能使我們窺見在一五二六年以前，或蒙古人沒有在這裏建造較爲穩固的政府以前的印度歷史的一斑。

蒙古人掌政之前，國中的情形，幾乎是個連續不斷的戰爭。與戰者便是各回教的皇帝王子，和將軍人人都以奪取政權佔據德利大城爲目的。但這一切的內爭，突於一三九八年熄滅於帖木楞(Tamerlane)的大侵犯。帖木楞帶著大隊的韃靼猛士，掃除當於其前的一切東西。所經的地方，充滿了殘殺與摧毀，簡直和遭了大瘟疫一般。像德利那裏的大城市，曾爲政治的中心的都遭搶掠，繼以焚毀。那時的景況，簡直似乎一切的事物，都要重新起頭一番了。而自帖木楞去後，一百五十年間，印度竟沒有強國。其實隨於這件事之後的，只是一張大空白吧了。爲期一百廿五年，便是從英國理卻第二(Richard II)起到亨利第八(Henry VIII)。

空白盡後，回教執政與將軍，各各自立爲君，對外則互相爭戰，對內則壓迫他們的印度子民。

如是者又經過了許久。至終德利的羅第(Lodi)君王，勉力圖強於紛爭擾亂之中，勢力漸厚，便把近隣較弱各邦蠶食起來。可是到這時候，印度從未見過的大征服者已將到了。北方大山的那邊，在喀布爾(Kabul)有個蒙古王名叫巴卑爾(Baber)，正在虎視耽耽的向著印度，極思得一機會，得以率領大軍進入印度的平原，而機會果然就到啦。

第四章　蒙古人入帝時代

最後德利的回教皇帝，暴虐無道，已臻極點，於是奧德(Oudh)貝哈爾(Behar)和判查布(Punjab)三省，相繼離叛，並遣使到喀布爾去求巴卑爾降臨，幫助他們。巴卑爾並不是個坐失機會的人，他的軍隊是早已預備好了的，隨時可以出發，所以並沒有一刻時辰的延擱，已經越過高山，跨過印度斯河而前進了。可是德利的回君，也並不懶惰，他召集了一隊大軍，向著巴卑爾開來，兩下就相遇於旁尼巴特(Panipat)。巴卑爾的軍隊並不很大，但他自己是當時的一個最能用兵的將軍，所以交戰之後，德利暴君的軍隊，便被他殺得大敗虧虛，

一蹶不振

那些求救於他的人民，看見所怕的，已經消滅，便極想巴卑爾提兵回國。但這不是巴卑爾所願意的。他已經到了印度，他的意思，是要長住在這裏。他的軍隊雖小，可是他的領袖才能，和英國的愛德華一世，三世，或亨利五世相似。因此，兵士們得著他的鼓勵，一個個既勇敢，又自信，就能百戰百克，以少勝衆，比英國的先烈在克勒西 (Crecy)，波亞疊 (Poitiers)，和阿金庫爾 (Agin-court) 所戰敗的仇人數目還來的多。

因此，從先請他到印度來的回教王子們，將軍們，雖能召集軍隊，嘗試著要把他向喀布爾趕回，而巴卑爾，竟能把他們一起打敗。最後，他們也就心悅誠服的歸服他，戴他爲君主了。他們這樣去做，是比較的容易的，因爲巴卑爾一來和他們同教，二來又不殘暴。在當日的許多領袖中，我們可以說，竟沒有一個，比他更好的。

我們所知道的他的一切事情，都是浪漫的，迷人的，神彩奕奕的。他是個軍人，同時又是個詩人；煩惱的時候，他能愉快，順利的時候，他又大量的很。他樂於冒險，喜歡勇敢的事情，同時他又能享受智識社會的供獻。當時的情形，我們卽從巴卑爾自己的著作裏面，已能獲得許多了。

但是他在生的時候，雖能穩坐帝位，他一死（一五三〇年），他的兒子休馬永（Humayun），就遇著革命了。激戰不勝，只得逃回喀布爾故鄉，留住二十餘年，才得重回。休馬永既走，德利的帝位，便爲一個名爲瑟爾汗（Sher Khan）的佔據。瑟爾汗是個暴虐而有才能的人，在位期中有六年，治績卓著；建設了許多好的公共建築；又造了許多好的道路，以改良國內的交通。

他死於一五四五年圍攻某鎭時的爆炸。後此只十年，他的孫子在位，休馬永便由喀布爾率領軍隊，捲土重來了。沙輿（Sarhind）一戰，打敗了瑟爾汗的族人，便又重登他父親巴卑爾所贏得的帝位。可是他的大限已是不久，一天，偶爾不愼，由德利宮中一處大理石的樓梯上跌下，卽刻壽終。

雖然，蒙古人的帝國，至此已經恢復了舊的勢力，阿卡巴（Akbar），這帝系中一個最偉大的君王，便於一五五六年，以十三歲的幼童，踐登大位。這時，正在英女皇伊利薩伯登基的前二年，他治理印度，爲時四十九年，死於一六〇五年，正在英國這個大女皇崩駕的二年後。自他死後，蒙古帝國，又過了一百年，共有一百四十九年；若從一五二六年，巴卑爾來臨的年代算起，那就共有一百七十九年了。

阿卡巴的大榮耀，他並非只是一個以力服人的東方式的暴君，卻實是一個莊嚴偉大的帝國創始者；所建的國，在印度歷史上，乃是一個空前絕後的本地的國家。雖然他的後裔在國家的光彩上，能夠發揚光大，不爲無功，可是阿卡巴，卻特別的應被推爲系中的最偉大者。因爲在他的治理下，——他過後，從未遇過，直到英人入主斯邦，——一切種族，一切宗教裏的人，都受著平等的，公正的待遇；只要他們不謀反叛，所有的財產，都能平平安安的享受無憂。

他以小孩即位，發現所處地位，在一個老年的攝政者的保護中。攝政者名叫拜剌謨（Bairam），多才而傲慢。從了讓幼君離開他的眼前，可是阿卡巴雖只十三歲，卻機警過人，所以外面只裝做老實沈靜，裏面卻時時在審機觀變，想逃出拜剌謨的掌握中。一天，他就說他的母親有病，必須騎馬去瞧；可是他那裏是去瞧母親，一上了馬，便疾駛到軍隊中去尋朋友，藉著他們的幫助，就把此後他要自行理政的意旨宣布出來。這便是拜剌謨的末日，雖然他曾嘗試著去搧動革命的風潮。阿卡巴呢，平素雖然大量，對於這個年老的攝政者，卻非常的認眞。

我們不必去描述阿卡巴所興的幾場戰爭，不過要說他四下裏擴充疆宇，等到五十歲時，印度斯坦全部和我們現在所稱的阿富汗斯坦，都入版圖，造成了一個偉大而且有好組織的帝國；賴以團結不散的，公正的治理，和給與人民的平等的利權，卻比兵力，佔了多半的部分。那時，印度人既不被人視爲低級人種，也不强迫交納回教中人所不交納的稅捐。不但所納的稅一樣呢，印度人並也可以做政府中的高等官吏。他們的宗教也尊重了，政府並爲他們設了法律，以資保護。

阿卡巴許多最大的勝利裏，有一個是把拉奇普特人，從切齒的仇敵，化爲忠誠的至友。他們和德利的回皇，是世世以兵戎相見的。起初時，他們對於阿卡巴，也是盡情的反抗，可是阿卡巴以公平的待遇，給了他們許多的利益，至終他們也就完全爲盛德所屈服了。他們雖然委質稱臣，卻並不爲失望，因爲臨於其上的，並不是貪婪無厭的暴君，不但如此，他們自己，都被封爲帝國中的王子，名位職守，隆重尊榮。

所以有一次，在阿卡巴戮力疆場的時日裏，大軍失利，他自己逃入一條窄巷之中，幾乎就要遇險幸有兩個拉奇普特的王子，左右衛護，始得衝出重圍。

原故是阿卡巴和他的祖父巴卑爾一般，並不是個嚴格的回教徒。他是個哲學家式的君王，喜歡把各種宗教，都加點兒研究。所以雖有一次，為討好那些嚴格的回教子民起見，他曾步行二百英里去朝拜一個大的回教禮拜寺，可是回教中多人仍很憤怒於他，因為他到底把印度人，待遇得和回教中人，一樣優異了。

但是他既是個有偉大而高尚的心情的人，就不去管這些小人們的所思所說。便是因為他比較當時一切的人，來得更正直，更仁慈，更大量，才能創設一個一百四十九年的大帝國呀。這帝國終於滅亡，原故是最末一個蒙古王，阿倫塞伯(Arunzeb)盡棄先王之道，要壓迫凡不屬於回教的人。

阿卡巴的故事，和他怎樣建設蒙古大帝國的方法，對於英國人，是特別有興味的，因為英國在印度的治理權，也是建設於公直良好的政府上，正和阿卡巴的政府相同。我們雖也和他一樣，常常要遇見許多的不滿意，——因為總有些人，喜於已得之外，更多得些，——可是印度破天荒的兩個眞講究公平的政府，還只得算大阿卡巴朝和英國入主時期。

第五章 「世界之光」

自機罕機爾(Jehanjir)即了帝位，帝國的歷史就發生了一個重大的改變。前此政府的所以能够優良而有秩序，全是因爲阿卡巴的堅壯而優美的人格所賜。可是先皇的偉德，新君一點兒也不具。所以雖然各種典章制度，仍然存留，而上下臣民立刻就看出這新君是個自私自利的人，全然不注意於優美的品行，超越的智慧和公正的判決。因此，上行下效，個個人都各爲自己的私利，圖謀競爭，而國利民福，就無人顧問了。

這種邪惡的風尙，是新皇自己領頭的。沒多久，機罕機爾朝，便成了一個叛亂，陰謀，與流血的長故事。當時的情形，和阿卡巴的盛時，是怎樣的不同，可以於下文看出來。

機罕機爾即位之初，第一件事，便是他在暗中主持的謀殺捨爾阿富根(Sher Afkun)一案。這人是先王的一個親信大臣，有超羣的勇敢，又有絕大的體力的一個人。他的外號，叫做打虎將，因爲他曾徒手打死一條大蟲。他的妻子，是個絕代的佳人，好色的機罕機爾，久想據爲己有。所以在捨爾阿富根盡力奮鬥，雖然殺死兇手多人，而終以力不能支，卒被殺害之後，他的妻子，立被帶到德利去了。過了些時，她便成了皇帝的妻子，一點兒也不知道這皇帝便是殺她丈夫的罪首。她乃是破天荒一個特別的婦人，蒙古帝國的歷史，到了這一時期，竟全是這「世界之光」的故事。「世界之光」便是皇帝迷於她的美色，下詔賜給她的名稱。她的家族，也得了無上的隆寵，在皇族王子們的次一級，便是他們。她又被封爲女皇，國中通用的錢幣上，於皇帝的名字之外，又鑄上了她的名字。這美麗而聰明的婦人，權柄如此之大，以致全國的政令，在名義上雖爲皇帝所出，其實，常是「世界之光」所籌謀的。機罕機爾朝，雖是充滿了流血與擾亂，然在其他方面，却是回教歷史中一個最隆盛的時期，便是這女皇深有智慧的大證據了。

她的權勢澎漲之後，數年，皇帝的性命和皇位，卻爲第三世子的叛亂所危厄，這世子名叫朱倫姆（Churrum）王子，至終得以繼承父位，號爲沙機罕（Shah Jehan）的，便是他。他是個無畏的軍人，曾在討平得坎的亂事裏，獲得很大的聲譽。他看見有這樣一隊強有力的軍隊，心悅誠服於他，他就暗殺了他的兄長，自立爲皇帝。

他的自立爲皇若不是因著二個能人的反對，或者竟已成功了。這兩人是誰呢？便是那號稱「世界之光」的女皇和一個治軍才能與巴卑爾阿卡巴兩人並駕齊驅而爲當時第一的皇族大將摩哈卑特罕（Mohabet Khan）。這偉大的女皇對於朱倫姆王子或沙機罕，從來是不肯信任的。然而她又知道要使皇帝相信這王子是個危險的叛亂者，是件極其困難的事。雖然如此，抵制他的方法，卻終於預備妥了。那摩哈卑特罕帶兵從北而來，一場惡戰打敗了沙機罕王子，逼得他只好棄位逃生。

可是沙機罕有一個秘密的朋友在朝，藉他的幫助，那聰穎的女皇，幾乎爲他騙過去。這個朋友是誰？便是他自己的岳父阿徐夫罕（Azif Khan），機罕機爾，最信任他。他知道女皇的大目的，是想把偌大的帝國歸給她自己的族人，所以便設了一個猛計，要把皇位奪給沙機罕。

他勸機罕機爾把皇庫從阿格拉（Agra）移往拉何爾（Lahore），又祕密送信給沙機罕，叫他在半路裏要刼了去。這皇庫裏，藏著從大阿卡巴以來世代累積的無量數的金銀寶石，藏便妥藏在阿格拉大堡壘裏面。如果沙機罕果然在到拉何爾的道上下手把牠要劫了，那末他便有充足的錢財，去賄賂皇家全體的軍隊了。

機罕機爾墜於計中，在女皇一點兒消息都沒有得到之前，印了國璽的上諭，已經送到阿格拉的皇庫去了。這司掌皇庫的官吏却是一個忠誠可靠的臣子。得到這個奇而突的命令，說要遷移皇庫，就不免有些驚異起來。因此，皇帝的命令，雖然不可不遵，他在遵行的時候，卻十分不願意，且心中充滿著不斷的盤算與懷疑。

可是要檢查記錄，登記新賬，從庫中提出那無數的珍寶盒，監視著加了封皮，然後把牠們妥妥當當的載在一長行的駱駝背上，走這樣遠的道路，乃是一件不容易的事情。這一切事本就不能迅速的完成，而這位司庫的官，心中疑惑不定，又想故意儘量的遲延；在將要起程時，故意造出了許多花頭，躭擱了又躭擱；所以等到一切都齊備了時，却已過了兩個整日了。

突然間，一個報信的人，氣急敗壞的跑進阿格拉堡壘，報說沙機罕已從南方帶了一隊大軍，向這裏來了。立刻，這司庫官就看穿了這場陰謀的全部。一息也不停，便把珍寶重新放入庫中，又遣派了一個信使騎著健步的單峯駝，立刻到拉何爾去報告皇帝他所做的一切。

這眞算是一場徼倖。這王子太性急了，若不然等到這無量數的珍寶上了大路再來，必能得手的。可是現在呢牠們是又平平安安的放在他祖父阿卡巴所建設的大保壘中了。他打破了城池氣急了，就把城中的居民，大肆殺戮，可是那不可破的堡壘和其中的珍寶，很藐視他。過不幾天，機罕機爾帶著大軍來臨的消息便到，而沙機罕又只得重演一曲逃亡戲。這次不比前番，後來回國，已在他的父親死了之後了。

機罕機爾和這美麗的女皇，其餘一部分的歷史，簡直比從古至今人類理智所能創造的極無情理的浪漫小說，還來的奇。可是這裏因爲篇幅的關係，我只能說一說女皇怎樣對於屢次救國的大將軍摩哈卑特發生疑忌，怎樣嘗試著要把他擒入掌握，好去殺他，又怎樣在最後說通了皇帝，使皇帝也信摩哈卑特確有反叛的罪狀，好幫助她去設法擒拿。

但是這個將軍，極其精明，是難以擒捉的。他末次去朝見機罕機爾時，乃是領著一隊拉奇普特的大軍的，藉著他們，他就把皇帝從驚嚇中刼走，可是仍以極優隆的敬禮，去待遇他。女皇曉得了，就親身帶著大隊追趕，自己騎著大象，親冒矢石，渡過一條大河。可是猛戰不勝，自己又受了傷，再一看已見自己的軍隊爲摩哈卑特所敗，已在那裏蜂擁般的渡河回去了。最後摩哈卑特就把皇帝和女皇一同擒入掌握。然而這事的結果，尤其出乎意料之外，將軍既得全勝，卻宣布說己冤已白，即無所求，如果皇帝允許從此以後，不再難爲他，他就情願把他倆釋放，便是在打破羅他士(Rhotas)時，所獲的那人格蘭維徐爾(Grand Vizier)他也是不殺的。

皇帝答應遵守這口頭契約，女皇呢，美麗的面龐上現著微微的笑容，也答應了。可是她的心裏，卻預備在第一個機會裏殺死摩哈卑特。所以等到這信以爲眞的將軍，把軍隊遣開後，她便摘去假面具，遣人去刺殺他。於是摩哈卑特只好拋去一切的財產而逃走了。女皇還傳令全國的官吏，叫把摩哈卑特，無論死活，只要捉來哩。

但當這個大人物，頭上戴著一個捉拿的懸賞，流亡在外的時候，連他自己都不曾知道他已有了一個強有力的朋友在朝中。這朋友不是別人，便是女皇自己的兄弟，沙機罕的岳父，曾爲他所釋放的格蘭維徐爾。

他知道這位曾在羅他士饒恕過他的性命的人，摩哈卑爾，乃是當時一個最好的將軍，最高尙的人格，並沒有犯什麼事應受女皇的恨惡的。所以他就遣派了一個秘密使者，去見摩哈卑爾，告訴他說自己是他的朋友，且很希望見見他。摩哈卑爾得了這信，便一人一騎，獨馳四百英里，會維徐爾於拉何爾與德利中間某一塊地方。維徐爾看見老英雄這樣襤褸可憐，不覺就抱著他的頭，放聲痛哭起來。

這場會集的結果，訂立了共扶沙機罕爲君的契約，可是機罕機爾的暴卒，又把國事的趨向改變一番。皇帝既死，內爭可以平熄了，不意女皇又突如其來的，把機罕機爾的孫子布拉機（Bu-laki）王子，扶登皇位，而維徐爾也只得暫時的靜默一番。不但如此，他還幫助著新皇去取皇位，因爲那時沙機罕和他的附從者，還沒有現成的軍隊去扶佐他們。後來維徐爾終究遣派了人，去見沙機罕，並籌謀了一個極其巧妙極其神奇的計策，暗中施行。

新皇聽信維徐爾的勸言，派了使者去見沙機罕，要求他的降服。使者既至，只見沙機罕躺在一張場上，口冒鮮血，好像就要死去的樣子。他回德利，便把這個消息帶回。不久這王子的喪報果然傳來，他的朋友便都懇求皇帝，施個最後的恩典。把他葬在阿格拉的阿卡巴墳地中，布拉機聽得這個帶有危險性的叔叔已死，快意的了不得，卽刻就答應了這個請求。

可是這件事完全是假的：這假死的人，並絲毫沒有疾病，至於病榻彌留那一幕，卻是一段極聰明的做作；藉著一口山羊血的幫助，竟完全騙過了那皇帝的使臣。維徐爾對於他女壻的死亡，裝的十分悲慟，要求布拉機親身到阿格拉去參觀葬禮。你看他趾高氣揚，一點也不躊躇，便帶著一小隊侍從，親自來到阿格拉。可是不先不後，適於其時，沙機罕也騎著馬，帶著大隊人馬，隨著棺木一同到來。那布拉機看見滿平原都是些馬步軍兵，立卽懷疑有變。總算見機的早，得以帶轉馬頭，速向拉何爾馳去，只聽見後面歡聲雷動，鼓角喧闐，原來是宣布沙機罕爲全國之王。沙機罕便是這樣進了阿格拉堡壘，升了寶座，繼位爲君的。至於布拉機的後事，卻無人曉得，可也有人信他已經逃往波斯。

至於女皇「世界之光」，她的權勢，自機罕機爾一死，也就消滅無餘。從此她就隱退，把其餘的年華，都消磨於學問的研究和寂寞的家居中。這奇異的婦人，她的蓋世無雙的美麗，幾乎一直到老，仍不稍衰。她在這隱退的期中發明了一種香料，便是那很有名的玫瑰油。她死於一六四五年，在機罕機爾之死十八年之後。死地爲拉何爾。

機罕機爾朝的故事裏，陰謀，反陰謀，戰爭與叛亂紛紜並起，頭緒萬端，而這種雜亂的情形，到他的繼位者手裏，還是一無改變。皇帝是換過了許多，可是各朝的情事卻都和前王時代差不多。皇帝的寶殿極其華美，一切東方的財富與光榮，都叢集在殿中。戰爭呢，與得坎的酋長戰於南，與波斯人和韃靼人戰於北，而凡皇親世子之欲奪位自立的，又自戰於國中。情形如此，而這個帝國猶能不即崩壞者，都是大阿卡巴的遺風遺制，有以維持於不敝呵。如果除了這些競爭不講，那末，沙機罕對於帝國的光榮上，頗有光大的功勞，於後王中猶當推他爲最。

爲紀念他的寵妻，——便是「世界之光」的姪女兒——起見，他發起建造一座全國最莊麗最美觀的建築於阿格拉，便是那塔日馬哈爾(Taj Mahal)。建築材料，都是極其昂貴的；以無數的工人之力，十二年方始造成。沙機罕又造了一個奇異的孔雀寶座，黃金做就，通身又鑲嵌著晶瑩奪目的珍寶。立於座後的，有兩隻孔雀，雙尾大張，也是鑲嵌著各種不同的眞珠寶石，以表現自然界的各種色彩的。飾品中有一個鸚鵡，和眞鸚鵡一般大小，是用單塊的綠柱玉雕刻而成的。他又建設了許多別的有名建築，直到今日仍是印度的奇異與光榮。我們實在可以這樣說：個個蒙古帝王，於身後，都留了幾個世界上最華麗的建築，而英國人呢，却建立了些最惡劣的。

一六五七年，沙機罕，——在他的治下，蒙古帝國，達到了最高度的光榮，——却被襲於瘋癱。於是他的兒子們，立刻就依照老例，你爭我殺的，把一座皇位，搶奪得不成事體。那次競爭，至終的得勝者，是其中一個最狡猾，最能統兵的奧郎則布（Aurungzebe）他囚住了他的父親，打敗了他的兄弟：他的弟兄們都逃走了。但是經過許多次的惡戰，一個一個都被擒捉了來，處以死刑。

我們從這章裏，已經知道一些蒙古朝盛時的事了，我們還沒曉得她是怎樣滅亡的。可是到了這裏，卻須把當時歐洲人，怎樣尋覓海道以達印度，又怎樣在西方各國的攘奪裏，英國卻能植立他自己的威權於印度國的海岸等情形先去考查一番才行。

第六章　歐洲怎樣尋覓海道來到印度

在十五世紀的末葉，忽然同時發生了世界歷史上兩件最大的事情。一件是美洲的發見，另一件便是環繞非洲的極南端尋路到印度附近的海裏來。

當一四八九年，那勇敢的葡萄牙船長華斯哥大嘎馬（Vasco da Gama）駕着小舟，初次繞到他們取名爲好望角（Cape of Good Hope）的那個地點，而航渡印度洋，到印度市鎮，喀利喀特（Calieut）時，世界的歷史的全部，都爲所改變了。這時以前，歐洲和印度及東方各國的通商，全部都得由陸路穿過敘利亞（Syria），或溯上紅海到亞歷山得利亞（Alexandria）來。所以土耳其大帝國威尼西亞人（Venetians）熱那亞人（Genose），藉著這個通商都成了極富極強的國家，而歐洲其他各國，要買東方物品，除去照顧他們，更無別途。

可是現在繞過好望角的海道，已經發現，於是東方的財富，便都要落入西歐各航海的國家手裏了。到十六世紀的中葉，這事果然降臨，而這些新的冒險者，各爲壟斷這對於黃金的東方通商事業，便彼此競爭，烈而且久。

第一班來了葡萄牙人，然後荷蘭人，英國人，相繼而至，——這些勇敢的海中人所駕駛的，都是此三四甲板的小船，三桅船，或荷蘭的平底船之類，比今日的游舫快艇，大小差不多。在我們現在看來，這些矮壯的小船裝著很高的船頭與船尾，很笨的桅檣與帆桿，而能够冒險去航行這樣長而且險的海程，簡直是件奇異的事。可是牠們的堅壯，却彷彿和駕馭牠們直入這茫茫大海的人們，一般的呵。

葡萄牙人在東印度，差不多稱霸了八十年。他們遣派了無數一隊的海軍，繞過好望角，戰敗了想來驅趕他們的土耳其船，就佔據了南印度好幾處，又建築一個莊麗的城市在果阿（Goa）。他們大發其財，在果阿的商人家裏一切用具與裝飾品都是黃金所成。銀子呢，在當日簡直賤的沒人想到他了。

在那時候，葡萄牙人和西班牙人強霸在東印度西印度兩處的全部，說這是他們「自己的私產，」因為他們是這二處地方的最初發見者。葡萄牙人久在印度建設海陸軍站，竭盡所能，把別國的商人往外趕逐。英荷兩國的商人因而同受重大的不公道，有時甚至於酷虐凌人，不堪忍受。但是那荷蘭人自因葡人國勢漸弱，乘機把他們擊敗之後，待遇英人的方法，仍是效人故智先後相同的。

英國的商人，屬於東印度公司，這個公司，是成立於一六〇〇年，專以和東印度羣島中的丁香島 (Spice Island) 通商爲目的的。他們對於印度本地的通商倒沒有怎樣謀畫，至於像葡人荷人那樣據地建堡以自衛，他們更沒有存心去嘗試了。他們僅有的願望，不過是想和和平平的做買賣。如果不是因爲荷蘭人那樣虐待他們，或者竟不會有這樣一個英屬的印度帝國發生，也未可知哩。然而荷蘭人是最恨英國的商人棲身於摩鹿加羣島的，——雖然英商甚少他們也不肯放鬆，——便於一六二三年，施以攻擊，差不多把在安波衣拿 (Amboyna) 的英商盡數殺絕，方才罷休。在很長久的時間裏，英國人比較起他們的仇敵來，非常之軟弱，以致在葡人或荷人每每很不當一回事的，把英國商船打沈，或故意把全船水手一起溺死，或竟把英國的商埠恣意的蹂躪摧殘。這種事情雖是繼續不斷的遇着，然在歐洲英國對於葡荷兩國，仍是確守和平主義的。在那時候，消息達到本國，需時極長，如果我們(英人)的商人不去自己預備交戰的事情，他們不爲葡荷二國毀滅於前，也必爲法國摧殘於後了。

幸而我們的商人，雖然暫時被安波衣拿的慘殺，驅出丁香羣島，卻在印度本地，覓得一塊預備給他們避難的地方。

我們當中凡以印度的英國屬地發達可驚爲榮幸的人，對於古者拉特（Gujerat）岸邊的素拉（Surat）小鎮，必要感到一種特別的興味，因爲這個地點便是我們這莊嚴美麗的印度帝國發祥之地呵。一六〇七年有一隻到丁香羣島去的英國船，被惡劣的天氣驅到素拉；到一六一二年十二月，我們便從那蒙古皇帝——機罕機爾——處得到通商的許可。這個許可所以獲得之故，大半由於印度人對於我們的敬仰心。我們有個勇敢的海中人——柏斯特艦長——曾帶著兩隻船，德勒岡（Dragon）和何山得爾（Hosander），把一隊從果阿上來以摧毀他們爲目的的葡萄牙海軍，打得大敗虧輸，印度人見之，所以敬服。

好幾次，葡萄牙人帶領大隊的兵力來攻擊我們，可是每次都被我們打得大敗，損失甚多。三年後，英皇哲姆斯一世派了一個公使來見機罕機爾，於是英國商人又得了極大的幫助。這個公使，使是湯姆士羅公爵（Sir Thomas Roe），一個極其機警極有能力的人，深得了蒙古皇帝的歡悅。他寫過幾種很有趣味又很可笑的紀念文中有一段，告訴我們一天他怎樣査見了機罕機爾宮殿裏的婦女從窗戶裏窺看他並笑他當他站在屋外洋臺上的時候。哲姆斯時期的奇異裝束在她們的眼中所感到的可笑，必與我們現在看這種裝束因而感到的可笑一般無疑。

那被荷蘭人，逼得不能在丁香羣島立足的英商，便都來到素拉。他們當時，固一點也想不到趕他們來此的憂患，正是要幫助他們，使在印度建設一個莊嚴美麗的帝國呵。造物弄人，天道難測，有如此者。

此後四十年間，我們的商人仍是繼續著忍受荷人的襲擊。荷人的海軍和軍隊，從歐洲開來，往往把隨處遇見的英國人，盡情的虐待。一個老著作家說的好，他們對於英人所施的是：「殘暴，驕橫，和狡猾的設計，以相陷害。」而我們的商人因爲國王和議會自相戰爭，又得不到母邦的幫助。對於虐待，誠只好忍氣吞聲，但自克林威爾（Cromwell）當國，他的剛毅強健的治法，馬上就幫助了印度的英商，使他們堅守所獲，逐漸廓張。雖然荷人那時仍在設法，欲攫錫蘭，仍在以野蠻的手段，時時乘機，攻擊我們的船隻及商埠哩。

所以在十七世紀查理二世王於英，奧郎則布王於印的時候，我國的商人既經商，又打戰，實在無時稍息。查理二世曾大大的幫助了東印度公司，賜給他們一個新的，較爲美備的特許狀，並且把他那葡萄牙妻子，不拉干薩（Braganza）的喀德隣（Catherine）的粧奩——孟買（Bombay）殖民地，——也加入了公司的所有中。然在一六七二年，法國人也來到印度的海裏，在東南兩岸佔據了好幾處地方，所以在那時候，仍舊一點也看不出我們的商人終久要在東方領土的大競賽裏，奪得錦標。

然而這事之後，不久，歐洲發生了好幾場大戰，從中法荷兩國，彼此猛攻，爲日既久，便致兩敗俱傷，而英國才慢慢的，穩穩的，在亞洲的克服上和商業的競爭上，升到領袖的地位。

便是從那時起，英國才在印度的海岸邊，站穩了脚步。一六八五年，我們把孟買作爲西邊的大本營，一六八六年，瑪德拉斯（Madras）又成了我們在東岸的主要商場，而青年約伯察諾克（Job Charnock）又在加爾各答（Calcutta）建設了一個殖民區。關於他，曾有一個故事，這樣說：一天他帶著衛兵去參觀一個青年寡婦火殉其夫的惡俗，——這種風俗，直到後來英人入主，方才撲滅的。那個寡婦長得非常嬌美，察諾克一見生情，就立誓決不肯束著手旁觀這樣一個尤物活活被火燒死。於是他便領著他的衛卒用武力把她救出來，帶到他的寓所。他們倆卒成夫婦，快快樂樂的同住了許多年。

這三處地方，——孟買，馬德拉斯，加爾各答，——便是我們的帝國初建的基礎；便是從這三處起，這個帝國運動，至終推廣到印度的全部的。

（譯者按本書是英國人所著，所以處處偏袒英國人，而痛詆英國的仇敵——葡荷法三國。其實當日的情形何嘗是這樣簡單的呢？）

第七章　蒙古帝國的破裂

末一個蒙古帝國的大皇帝奧郎則布在德利登位那年，正在一六五八年，克林衛爾去世的那一年。他登了位，盡反阿卡巴之所爲，極力壓迫印度的人士。他不但強迫他們交納重稅，並且還把國中他們的壯麗寺觀，加以焚燬，又禁止印度人，不得再供職於政府中。

一個拉奇普特的大領袖，烏帶浦耳（Udaipur）的拉納拉奇新（Rana Raj Singh）曾有一封抗議書上呈於他。書中之言大可以幫助我們明瞭帝國中所發生的改變。他這樣寫『陛下的皇祖古拉丁阿卡巴（Gul-ul-ud-deen Akbar）治理國事，既尊嚴又妥協五十二年國中人民，無論其爲信奉耶穌的，信奉摩西的，或信奉摩罕默德的，俱各興隆，無論其爲婆羅門教或無神教，都一樣得著他的恩惠。……機罕機爾雖稍遜，然而恩澤及於百姓，又二十二年。……降至光榮的沙機罕，正直寬容，宜其獲得善報，故在位三十二年，而名垂不朽！……』

下文接著便詳陳着奥郎則布朝和以前各朝嚴格的比較。但是一切的抗議都是徒然的。印度人羣集一處，以保護他們的廟宇時，他却派遣巨象，去踏死他們。於是那一百餘年似已滅迹的印度爭戰精神，便死灰復燃了。拉奇普特人，重整干戈。在更南的得坎，又有一種習爲強盜的印度人種，叫做馬剌塔人（Mahrattas）的，世居山中，得到一個大領袖胥伐其（Sivaji）做他們的酋長。在北方，又有一個印度改革家喃拏克（Nanuk）創立了那以爭戰爲能事的教派，古盧哥盧新夫（Guru Govin Singh），便是後來判查布那強盛的塞克（Sikh）教團的雛形。

這些新仇敵裏面，胥伐其是最聰明而且最勇敢的。他簡直是個印度的洛賓呼得（Robin Hood）。他和得坎的各個小的回教王國爭戰甚久，他的狡猾，眞是異乎尋常。有一回，俾查普爾（Bijapur）的回君，派了一隊大軍去懲罰他搶掠不已的罪。胥伐其並不逃跑只裝做十分惶恐的樣子，請求饒恕，並懇求那派來的回教將軍，只帶一個侍卒，到帕塔布加（Partabghar）山堡的附近，來接受他的親身投降。但在胥伐其的本心，實是詐降，要想乘機行刺的。他最長於運用兩般兵器，都極可畏一是藏於袖中的灣形七首，一種是用環圈套在指上的鋼製利爪。手掌合時，這二物毫不露眼，手掌一伸，可怕的兵器便出現了。

在約定的時候，那俾查普爾軍隊的首領，便穿著白的綿紗衣，帶著一個從人，站在小山的一個四通八達的斜坡上等候。但見那苗條而瘦小的胥伐其，也穿著白衣，帶了一個從者從他的堡壘，下山來了。其實胥伐其在白綿紗外罩之內，是還穿著連環軟甲的。左手套著致死的利爪，右袖藏著殺人的七首，便在一鞠躬裏，來到將軍的身旁。

他已緊靠在將軍的身傍了。立刻，在將軍尙未發覺他的危險之前，那利爪已掐入膚肉，七首已插進當胸。其時胥伐其的強盜隊，已從祕密的小徑伏行而前，把回軍的大營暗暗包圍了；一見事將得手，郎便殺入軍中把那猝未及防的軍隊殺得四散飛逃。

奧郎則布，不但不幫助俾查普爾和哥爾昆達（Golkonda）的回君，平定胥伐其和馬剌塔人的擾亂，反而乘機呑滅了這兩個小王國，以擴充自己的版圖。可是無論他怎樣狡獪，他總也不能滅了胥伐其和馬剌塔人。

他曾設過一個方法，把胥伐其誘入德利城，可是胥伐其查出奧郎則布並沒好心，便扮成一個賣花郎，溜出城去了。他也曾被追及，但經過許多的冒險，終得安抵山中。後來奧郎則布又派了一個皇家將軍祉斯達罕（Shaista Khan），去征討他。將軍帶了軍隊，尋到普那（Poona），而胥伐其卻音信俱無。忽於一日，有個送親的大行列，歡聲四振，進入鎭中。經過祉斯達罕的屋前時，祉斯達罕正在宴客。突然之間，行列中一大部份的人，各各拔刀在手，殺進屋來。原來這個行列便是胥伐其和他的人所喬扮的。將軍幾被擒獲，幸得跳窗而免，但他的兒子，和許多從者，都被殺害了，而胥伐其等，仍是平安逃去，無處捉拿。

奧郎則布嘗試了各種的詭計，想捉住胥伐其。一次，他又派他的兒子
叫他詐起一個叛亂，反抗朝廷。許多人都和他互通聲氣，便是他最希望的
中，送信說對於反叛極端贊成，並極希望沙阿倫王子（Prince Shah Alam）
的皇位推倒。他又這樣約會如果王子帶領軍隊離開得坎，他便爲他維持後
因身體不好，只好暫留山中。

胥伐其是不肯冒這樣的大險的。後來看見反叛忽然終止，沙阿倫成了
卻盡得斬罪，他必是很快樂的。至於奧郎則布雖捉不到胥伐其，卻喪失了他
後不能眞起反叛，也必是很快樂的。

帝國之所以淪亡，大部便是由於奧郎則布的奸狡心和猜忌性所致。凡
首的人，沒有一個是他信靠的，因此，他的忠誠可靠的朋友和兒子，也都衆叛
所以戰雲四起；他雖老邁，仍是不知老之將至，頻年不絕的帶領軍隊，像
於疆場。阿富汗人反了，他便北伐；拉奇普特人叛了，他便西征；馬剌塔人亂了，

有一處，被他完完全全的降伏的。原來這已經老朽的帝國，漸要分裂，正像一個沙灘，環於其周的大浪，已在動手把牠沖動了。

印度這時候的情形，是我們所應當知道的，因自奧郎則布一死，國中大亂，英國的權勢，纔得借助於我們常勝的海軍，四面八方的擴張起來。奧郎則布死後三十年，蒙古帝國受了一個致命傷。和古昔一般，從阿富汗山徑裏，又來了一次大侵犯。原來那山徑已不加守禦了，所以那狄爾沙 (Nadir Shah) 便能帶他的波斯軍隊，長驅而來。那狄爾沙以盜首始，也和胥伐其一般，以大克勝者終，卻和居魯士 (Cyrus) 和尼布甲尼撒 (Nebuchadnezzar) 一般。他的帝權所及，自幼發拉的河 (Euphrat's) 直到印度斯河，盡上版圖。

那狄爾沙，相貌奇偉，眼如銅鈴，聲如巨雷，相傳他的氣概，如此可怕，人看見他，都會不知不覺的發起抖來。所以所到之處，蒙兵四竄，好似綿羊之見雄獅，莫怪他得以全勝之威，進入德利了。進城的夜晚，有些人民暴動起來，殺了他幾個兵十。第二天，他就報仇。從早晨八點，直至下午三點，波斯兵隊，搶燒殺，而他自己，坐在公共廳中，跳跳躍躍的，看着殘殺的惡景，幾同一個發怒的惡鬼一般。城中的血都流成河了，街道裏都塞滿了死屍與燬屋了，這纔停手。後來那狄爾沙離此他適時，又把德利城中所有的寶庫一起帶走那有名的孔雀皇位也在那次裏帶到波斯。

那時候，馬剌塔人已經成功一個大的勢力，如同洪水一般掃蕩印度的西方與中部，而全國驟然已同鼎沸一般了。印度人民，失了帝主，飄來飄去，直似大雷雨中的樹葉子，直到後來，屬於故帝國的各省漸漸各成獨立的國度，人民方始稍安。這些小國，便是後來英國人櫛風沐雨爭戰多年，纔得造成的那個大帝國的各份子。這個大帝國，比蒙古帝國還大；而蒙古帝國歷年愈久，便愈和一個越來越淡的影子相同啦。

第八章　度普雷克斯的大陰謀

在我們末後的勝利，還沒有實現之希望以前，我們還須戰勝另一個歐洲敵國呢。牠原是也在設法要驅逐我們的。

我們的小史，現已講到十八世紀的初期。葡萄牙人和荷蘭人已不再是我們的對敵，法國人已經代之而興笨第舍利 (Pondicherry)，是他們在一六七四年創設的現已成為一個含有七萬居民的名城後來又佔領了成德拉哥 (Chandanagore)，也成了一個首要的殖民區這兩處且都是位於印度東岸，與英國商埠相鄰的。

領率的人，靈敏強毅，所以法國的進步也和我們一樣可驚。現在他們彷彿要勝過我們了，原故是：英國的公司，組織和管理，都是商人所做的，除了貿易與利息之外，他非所圖。至於法人，新得了一個性情勇敢目光遠大的軍人兼政治家度普雷克斯 (Dupleix)，做他們的監督，就看出了歐洲殖民區外的印度，已被擾亂紛爭攪得天翻地覆，此種情形，如能利用，不但商業可振，還有一個帝國，唾手可得呢。

那時候，英法二國，相安無事，然在度普雷克斯的目中已見戰爭之兆，便仔仔細細的，未雨綢繆一番。度普雷克斯，恭而有禮，機警有為，剛毅不搖，因能得到鄰地印度王子們的友誼。他在笨第舍利，既建築堡壘，又訓練軍隊；所以等到一七四四年兩國宣戰時，他是早已預備妥了。

度普雷克斯海陸全勝；英海軍只得退守錫蘭，只經一度短期的圍困，馬德拉斯便為他所攻克；英國公司的財產全部爲他掠去；英國長官和僚屬，也被帶往笨第舍利，在他們的凱旋隊前徒步過鎮，如同俘虜。但他卻不曾取得數英里南的聖大衛（St. Davis）堡。等到強有力的英國海軍來到，他便只得領率法軍，逃回笨第舍利，閉城堅守了。那時候，勝敗的形勢頓然改變了過來。新到的海軍，帶來的，是隊精銳的英國陸戰隊，驍勇絕倫。因此，本地的英軍，得着母邦軍隊的救助，聲勢浩大，就能把度普雷克斯圍困在他自己的鎮中。但是我們的攻擊，是這樣一件不便的事，度普雷克斯竟還能擊敗我們哩。他得了勝，又徧發信件，給印度土酋，誇示他戰勝英國海陸兩軍的大功，所以他的聲譽在土酋中間，更加隆重起來。

因此，一七四九年，兩國協定和平條約時，馬德拉斯雖仍歸還英國，而度普雷克斯，卻已大得成功，本地土酋的傾向於他，比前更甚。

那始於此時的主印大競爭，第一次的接觸，便是這樣了結的。英國的兵力，海陸雙方，除在一兩處外，都因統馭乏人，既缺精巧，又少精神，極其可鄙。所以一切事情，在這時期，都彷彿是法國行將得勝的預兆。然而這場勝利，卻終歸於英人；原由有二，竟沒有一個是當時度普雷克斯所能料及的。一是青年羅伯克萊武 (Robert Clive) 得以派到馬德拉斯，供職爲書記，二是英國海軍在海上的威權。

第九章　克萊武怎樣救了英人

後此的故事，是既浪漫而又超卓的。其中有陰謀與反陰謀，有最惡的戰爭與最大的冒險，有英國人，心力堅毅，卒克自拔於完全失敗之中的豐功偉烈。

英法兩國的和約既成，印度的戰事，當然停止。但是度普雷克斯，好亂性成，不能守靜，所以雖爲和約所限，不能以兵力從事，卻深慮遠謀，又想到了克勝英人的別種方略。於是他便依着這新的方略去實行。

正在那時，適有兩個土酋，以互爭大位的原故，兩不相讓，惡狠狠的戰鬭起來。度普雷克斯一見，立即投身於亂中。且說英法兩國的殖民地，馬德拉斯和笨第舍利，本是同在一個沿海的省分——加爾那的 (Carnatic) ——裏的。那狡猾的法國首領，便設計要在這一部分，扶立一個與法爲友受法約束的土酋，這便是他的第一條計策。第二條呢，比第一條還重要，便是在得坎，再設一個聽命於法的酋長。得坎乃是印度南方最重要的省分，所以度普雷克斯熟知如果兩計皆成，法國成爲國中的第一强權必無疑義，而英國就必一點兒也無關緊要了。

初時許久，法人的計畫在各方面都有所成。他們扶助加爾那的的僭君，打敗當地的王子，奪獲了京都，阿科特（Arcot）。又帶着得坎的僭君長驅來到得坎，去攻擊那裏的土酋。土酋沒法，求救於英。英人答應去助他，不料沒過幾時，他卻被自己的人所害，而法人乃得順順利利的把他們所立的僭君扶立爲王。所以各方面的勝利，似乎都屬他們。得坎已歸掌握了，加爾那的也差不多全是他們的領土。

直到這時候，勝利是完全屬於度普雷克斯的，而英人於此也覺得自己的地位危險萬分，爲從來所未有。他們在寄回本國的信裏說：「我們的殖民區，不久要被法人完全包圍，食物或商品，也將爲所阻擋，不能運來。」果是如此，我們自必退出印度，而度普雷克斯的心願也就達到了。然而在加爾那克，終還有一塊地方沒有投降法人和他們所立的僭君。這處便叫做多里其諾波利

(Trichinopoly)，守將是摩哈默德阿利 (Mohamed Ali) 便是由阿科特被逐而逃的舊君的兒子。

英國人知道如果這塊地方再被度普雷克斯的本地朋友奪去，他們自己便一點兒什麼都沒有了。於是多方羅致，好容易纔招集了二千人，去施以援救。但是消息傳來，他們也被趕退到多里其諾波利，處於四面包圍之中了。怎樣辦呢？軍隊所餘無幾了；官吏更少；如果多里其諾波利陷敵，我們之在印度，豈非要成虛話了嗎

那時的光景，實在黑暗的很，然而便在這種黑暗的光景中，出現了我們的大英雄。他不但要去拯救那少數被圍的守卒，還要為英國贏得一個印度哩！

二十六年前，在英國馬刻德累呑 (Market Drayton) 一個小的士洛普細耳 (Shropshire) 鎮裏，誕生了一個嬰孩，名叫羅伯克萊武。長大來，成為一個肆無忌憚的孩子，本地的人，都喚他做個勇敢的無益者；在他手下，有一班和他一樣的頑童，倒處闖禍，馬刻德累呑的好好先生們，就稱他們做立志違法的人。所以他至終截往印度，去做東印度公司的書記，在衆人心中，實存著一種

害馬幸去，衆得安居的情感。

他彷彿深有恨於自己生活的寂寞與勞苦的無謂。一天，有個朋友來訪他，見他喪神失志的，對着一把手鎗坐在桌邊。「試對着窗外放一鎗看，你高興麽？」青年克萊武這樣說。他的朋友使依着做。一鎗既放，克萊武發言道『我已經把這鎗對準頭部，放了兩次了，但兩次都沒有着火，所以我猜我的一生，或者還有一番事業未做哩。』

戰事既起，克萊武立卽投筆從戎。他有好幾次，只是死裏逃生。那勇敢的精神，豪邁的氣概，不久便爲長官所注意。可是除此以外，他還具有出類拔萃的將才，不會實現，而實現的機會不久也就到啦。

多里其諸波利的守卒，已漸漸失望了，而堡外的敵人，鼓舞奮興，以爲城陷在卽。不料突然之間，他們必勝之概，立刻化爲烏有。原來惡耗已至，說那爲法人所助以攻擊多里其諸波利的加爾那的王子，他的京都，阿科特，已被英人襲了。

這消息，卻是眞的。年青的克萊武把這個圍魏救趙的計策，獻給聖大衞堡的長官，桑得斯先生（Mr. Saunders）。桑得斯先生，以銳利的眼光，馬上看出他的聰穎，便盡力搜刮了不到五百人，隨他出發，說也可笑，這五百人中，多半是些印度兵，共有八員官長，其中六個，平生連放鎗都還沒有見過呢。

五日後，乘着一場極大的雷雨，克萊武和他的五百勇士，衝破了阿科特的守衞，城裏的守兵，望風而逃，加爾那的的京城，便入了他的掌握。

這場燦爛的功勳，改變了時事的全部。自然，如果阿科特喪失，法國人和他的連盟者，便取了多里其諾波利，也是無濟於事的。所以他們決定無論何等的代價，京都必須得回，而一萬人的兵力，便由多里其諾波利撤回，反攻去了。

當時克萊武已將全心全身，供獻給這個堡壘，躬率他的從人，苦苦的修理舊堡，建築新堡，屯積糧食，支架砲火，但是一切事宜，雖已齊備，本城的形勢，還是軟弱非凡。城牆是很低的，敵樓是頹廢的，環於堡外的濠塹，又是乾的。以五百人的兵力，而當一萬人的攻擊，在這樣一塊地方，大概再也沒有人敢存堅守的念頭吧。

但是克萊武竟堅守了二個整月，雖然戰死與病沒，不久便把他的小兵力減至二百人。這個守衞的故事實是最奇幻最浪漫的戰史中的一條。當時的人，莫不聞風興起的。那遠在摩拉利，萊俄（Morari Rao）山堡中的馬剌塔酋長，聽見這個以少禦衆的戰事，也大受感動而發誓說如果英國人能够像這樣去打仗，他們必不至於孤立無援。

所以一天果然消息傳來，說有一隊救兵後面隨着可畏的馬剌塔馬隊，雲集般的從馬德拉斯到來。法人和他的同盟者聽得，便決計要再舉一次最後的猛攻。在十一月二十五日的清早——那日正是一個回教的大節日——回兵正在興高彩烈之時，圍城的人已經儘力量圍着城四面攻打起來了。

但是克萊武從探子口裏已知道了敵人的來意，所以當攻擊開始時，城中早已預備妥協。那便是說，儘育那現已不滿二百名的殘卒的力量，預備去抵禦人數在二十倍以上的敵兵的事宜。其時敵人的礮火，已把城牆打破了兩處了，所以這兩處和兩個城們便成了敵人攻擊的目標。

十一月的清早，日光初上，攻城的兵隊，已是鼓噪而前。列於陣前的，是一排巨象，頭包鋼片，若撞到門上，必和活的撞城鎚一般。而克萊武和他的少數守卒，眞可謂膽大包身，看了這種光景，竟毫不畏懼，只伏於壘下，把鎗彈連珠般急雨般，向通到城門的兩條大道上放射出來，勢不可當。那巨獸們，受了英軍的彈雨，又驚又痛，不覺發狂似的盡都翻身退回。這一退不打緊，那隨在後面的千軍萬馬，卻被衝得死傷不可勝數了。

這種兇惡的攻擊，共有一個鐘點。克萊武身先士卒；每一個危險的地方，都有他。有一處，城牆已破，敵人高聲呼喊着，蜂擁上前，差不多要被攻入了，但克萊武飛也似的奔到缺口處的礮邊，迎面就是幾礮，敵人當不住，便又紛紛退回下去。在六十分鐘裏，克萊武的二百人，共放了一萬二千排鎗，敵人方面擁擠着的前列，死傷絕多。他們中的最驍勇的，都已成堆的躺在堡牆之前，其餘的人，心寒膽落，也就不願再與英人的礮火覿面相逢了。

阿科特的圍困已解。從這時起，法國的勢，日就衰頹。克萊武的守衛，異名遠振，在南部印度裏，無人不知。印度人都稱他做「戰爭中的無畏將」。他的名字如此的驚人，足迹所至，總有以百數計的士兵隊，棄去法國的職守而潛逃。

然在我們至終得勝之前，還有好幾年的戰爭哩。但是就在三個月之後，克萊武又給了法國人一個致命的打擊。法國的步馬礮三路精兵，探得阿科特的守卒，多數已隨克萊武出去了，便悄悄的衝來，意圖襲取。克萊武一聞這信，立刻追來。在阿科特的英兵，是已有準備的，所以法國的士兵，不敢再去攻擊這座致死的城堡，卻退轉來，擇地埋伏。所擇的那塊地方，形勢極固，又正當着克萊武的來路上。明月漸高，淡光四照，但見克萊武果然帶着軍隊，氣急敗壞，從這條路上追來了。

忽然間科味包克 (Covrepauk) 的芒果林中，萬彈齊發，克萊武的軍隊，出乎意外，不覺大驚。然而克萊武並不停頓，馬上約退輜重等物，使兵士伏於左手邊的水溝，暫避，卻把礮隊提上前來，對着法軍礮響處轟擊。法軍的大礮爲數既多，形勢又好，克萊武的礮手，不過一刻，已死傷的極多了。克萊武看出如果不設法使法軍的礮隊停止放礮，他的兵力，必要全部傷亡。

於是他便遣派恩賽因辛蒙 (Ensign Symmonds)，——讓我們把這個勇敢的軍官的名字記錄下來，——叫他帶領一隊選出的精兵，暗暗爬到法軍形勢的後方，去抄襲敵人的後路。辛蒙遵令而行，果如所願，到了陣後，便獨自一個，伏行向前，卻擠入一個站滿了法兵的濠塹裏。法兵一見，大聲喊嚷，辛蒙不慌不忙，卽用法語回復，法兵以爲是自己人，便不再來盤査。

辛蒙旣尋出了施行襲擊的地點，便從黑暗中爬回本隊，帶領兵士們人不知鬼不覺，來到敵陣中心三十碼之內。大家臥倒，對準陣心便是一排鎗。這排鎗彈來的出乎意外；只此一排，便已十足了。法軍一見後路被襲，驚惶失措，馬上棄陣潛逃，所遺的鎗礮輜重，都落入克萊武手中。所以這一役，不但沒有失敗，反得了一場顯赫的勝仗，而法國在印度的領土，也卽以此役爲之宣告死刑。

隨後克萊武和羅凌斯少佐 (Major Lawrence)，嚴迫法軍，斷其交通，破其多里其諾波利的圍城隊，俘其圍城隊裏的軍官。不久加爾那的和得坎的兩個法國所立的王子，又爲馬剌塔人所殺，所以度普雷克斯的計策完全失敗，又過了兩個失敗的年歲，他纔被召回國，名譽失喪，經濟困窮，鬱鬱以終。

這場加爾那的的戰事，有件最奇的事，乃是在全部時間裏，英法兩國，在歐洲始終互相和好，所以兩國的軍官和軍隊，雖然交戰於印度，在表面上卻都假裝着以爲是借給那些相敵的土酋的。因此，英國人不能得到英國海軍的助力，也不能去攻打法國的市鎮笨第舍利，而法國人也以相同的理由，不能來攻馬德拉斯。此項奇異的情形，不久便停止了，但到這時候，英國人卻又被攻於另一個新而更強的敵人。

第十章　自黑洞到普拉西之戰

孟加拉(Bengal)，奧里薩(Orissa)，貝哈爾三個大省的統治者名喚蘇拉耶多拉(Surajah Dowlah)。年事雖輕，而頑惡之性，卻已成熟，懦弱而兼殘暴，性好復仇，恨惡英人，乃其本性。英人的逐漸富庶和強盛，他已大吃其驚，而適逢其會，英人又收留了一個他想致死的土人，以此愈加觸怒了他。

他以迅雷不及掩耳的手段，突率大隊軍馬，向加爾各答進發，並搶掠焚燬了沿途一切的村莊。加爾各答守卒很少，堡壘又弱，一聞這個消息，全鎮皆驚。如果那裏有個像克萊武那樣的勇士，可不就好啦！可是我們很憂鬱很羞慚的，只得這樣記下：官長諸類克先生與軍長明傾，棄鎮逃走。兩個懦夫，逃到河裏的船上，卻把鎮中的男婦老幼的性命，一起付與敵人，任其蹂躪而莫之稍顧。

那時是可怕極了，然畢竟尚有一個英雄，豪厄爾先生（Mr. Howell），竭力抵禦，又和蘇拉耶多拉謀和。蘇拉耶多拉本是允許了他們的平安的，然而至終爽約，造成了那齣可怕的慘劇，——加爾各答的黑洞。

在印度平原的酷夏裏，那焦灼的日光所發生的酷熱，這樣的厲害，以致空中的飛鳥都會落在地上，喘氣噓噓。然而凡沒在這裏住過的人，決不能以想像去理會到一七五六年六月二十日的夜裏，悶閉而死者所受的痛苦，是何等的激烈的。在堡中一個監守室裏，隔出了一個十八英尺見方的地方，作爲獄舍，而以棍劍，驅逼而入這壓黑暗的狹小的獄舍裏使受窒息之刑的，卻有一百四十六個男人和一個女人。

勇敢的羅厄爾，雖有忠告之言，卻爲這駭絕了的羣衆所發的痛哭聲與悲哀聲所掩沒。有的躺了下去，便被狂呼以求空氣和水的人，踐踏而亡。那些獄卒，猶其可惡，只拿一點兒水來引誘這焦渴如狂的羣衆，致使他們，我爭你奪，互相踏斃的不少；而對於他們請將已死將死的人搬移出獄的要求，卻只加以玩笑。所以那個可怕的夜，一刻一刻的過去，哭聲鬧聲也一點一點的稀少等到天亮門開時，在這黑洞裏疊著的屍首堆中只有二十三個人，還是活著被擡出來，其中一個，便是那個婦人，喀來夫人她的丈夫卻已經是悶死了。

我們的不幸，還不止此，那時英法兩國又在開戰了，便有一隊精壯的法兵，在歐洲預備着要開來攻擊印度的英國屬地。克萊武在馬德拉斯略爲息得一息，即便帶兵衝向北來，要在法軍達到東岸之前，先把加爾各答恢復。幸而法軍的來臨，延擱了二年，克萊武和滑特孫提督(Admiral Watson)乘着機會，果然光復了加爾各答。

這件事裏，發生了一件意外的事，很有趣味。一次，敵人正守着威廉堡，克萊武當時所要攻擊的那個地方，適有幾個英國來的水手上岸幫助克萊武。其中有一個名字叫特拉罕姆(Trahan)的，偶爾酒醉，黎明時，出外胡跑，卻到堡邊。見堡牆上有一壁穴，乃是被我們的礮火所打穿了的，便一伏身爬了進去。他馬上就發見他自己已在守卒當中，可是蒙了酒，毫不懼怕，立刻亂放手鎗，亂揮佩刀，左右衝突的極其凶猛，並高聲大呼道：『我已取得這堡了，我已取得這堡了。』那些守卒，信以爲他便是攻城的主將，衆心惶駭，把鎗礮亂放一陣，隨即飛逃。堡外的英國兵，聽見了堡中的擾亂，衝入堡來，只見特拉罕姆，已經氣燄萬丈的佔領了威廉堡。到第二天早晨，主帥要懲罰他的不遵軍紀之罪，他卻發誓道：『如果我眞還要挨打，我以後，只要活着不死，再也不想單身獨個的去取別的堡壘了。』

過不多時，蘇拉耶多拉，又率了四萬軍兵前來攻擊。克萊武卻乘大霧，搶到敵軍的中心，大殺一陣。退出時，雖也陣亂旗靡，蘇拉耶多拉卻攝於其威，求和退去。

但是我們實在是輕於相信這個惡魔了。克萊武剛剛奪得了成德拉哥那個法國殖民區，便聽得蘇拉耶多拉又在祕密的答應要來幫助法國。但是他雖在那裏進行他的陰謀，同時又有別人也在計算着要把他這窮兇極惡的魔君除去。他們的計畫，是要把總司令米爾澤非爾 (Meer Jaffier) 扶登皇位，且要求我們英國的幫助。這個計畫固好，可是如果遲延不進，我們是必要糟糕的。何以呢？法國的遠征軍，或已來近印度了。倘若我們不能立刻把蘇拉耶多拉除滅，那末他們兩下連起盟來，圖我們，那還了得？反之，如果我們果能成功，孟加拉，奧里薩，貝哈爾三省的主人，在實際上，豈非就屬我們英國？

在這場反對蘇拉耶多拉的計畫裏，我們行動的詳情冗長複雜，不能細細的述說。總而言之，一切舉動，全靠來的敏捷吧了。克萊武他的壯年的全部，差不多都已消磨於拚命的冒險中，現在又要進行一件拚命中的最拚命了。只帶領三千名兵卒，他便向蘇拉耶多拉的京都穆爾達巴德(Murshedabad)進發。橫阻於前，屯於一個名叫普拉西(Plassey)的村落裏的，卻有五萬敵人，還有一小隊的法軍，為之幫助。這許多敵軍的一部分，是歸米爾澤非爾統率的，他雖已和英軍相約，說要在交戰時，率隊來歸，克萊武卻發見他和回君，非常要好，因而很可懷疑他是詐降。其實他的態度，大概是要在交戰時，觀了風色，然後決定趨向而已。當時復有一個米爾澤非爾手下的將校，和我們的嚮導隊，遇於喀特瓦(Cutwa)，卻叫我們深入一些。所以那時的光景，看上去，是很黑暗的。

克萊武於此，便召集了那有名的軍事會議，決定還是提兵前進，還是屯紮不行。除去七八之外，其餘的軍官，個個是贊成遲進的。克萊武的口頭也贊成遲進，可是他的心，卻表同情於那七個壯士。所以散了會，他就退到附近一處樹林裏岑寂之區，用了一個整鐘頭，把這件已決之案，重新考慮。

至終這個青年領袖定了志向了，便轉到他的小軍隊中，發令叫在明天日出時，一致進攻。

在一七五七年六月二十二那夜，這小小的英軍駐紮在一個蒙菓林裏，圍以矮矮的土壘，卻已靠近了普拉西村了。他們躺下休息時，可以聽見對面大軍中所發出奇異的音樂。他們心中或者會想到在克勒西（Cregy）與阿金庫特（Agincourt）二役裏的祖先們吧，他們的地位，是很和那時相似的呀。

幾點鐘後，太陽就出來了。這一日，便是判決印度的命運的日子。克萊武和他的三千壯士，一起立在蒙菓樹林的前方，五千敵人所造成的一個大的半圓形的中心點，準備着交戰啦。然而在英國的歷史上，我們的軍隊，曾經屢邀天助。例如西班牙的大艦隊，是大風浪把牠衝散的；克勒西一戰，法軍的弓弦，失了效用，是恰在戰前的一場大雨，把他們的弓弦淋濕而然的。屢次的屢次，我們得着同樣的意外助力，當我們的戰士拚命去猛戰，或者尚難制勝的時候。所以我們且不要因為得勝便卽自驕，但當把牠們當做天意的格外加恩吧。

現在又有一個特別的事情來幫助我們於普拉西了。初開火時，回皇的右翼有法軍的礮隊，以猛烈的礮火向我們射擊。克萊武的人數已少，是再不容有所喪失的，所以只得率隊避入林中，打算堅守到夜，然後乘黑進攻。

他剛剛避得進去，突然間，大雨傾盆，正和昔日克勒西一役裏的情形一般。在克勒西，我們的弓手，把弓藏入了弓袋，所以弓弦得以不潮，這一次，克萊武的礮手，卻用了便利的防水布蓋住了鎗礮和軍火。至於對方，火藥雖多，卻被大雨淋得透溼，結果他們的鎗礮，都成功了不能施放的廢物了。

可是他們信以為英軍的情形，也必是和他們一樣的，便大着膽，前來攻擊，自恃人多勢大，要用泰山壓卵的手段，除滅蒙果林中小小的英軍。但當他們蜂擁上前時，英軍中鎗礮齊發，勢如奔雷，卻把他們那濃密的進攻隊，轟的四分五裂，死傷積野，而其餘命大的，看見軍中最佳的領袖們，都已死亡，也都亂做一團的向後退去。蘇拉耶多拉，帶領二千馬卒，當先逃往京都，他那四分五裂的殘軍，也只好迅速後退，以避免那乘勢追擊的英軍礮火。

法國的軍隊，很勇猛的擋了一陣，可是那賣主求榮的米爾澤非爾，卻於此時把他的人馬，調離戰場啦。其餘的軍隊因之也就狂逃亂竄，而法國軍隊被衝得立腳不定也只好一起飛逃。這便是普拉西之戰，英軍得勝的情形。尤可異的，我們的小軍隊，連死帶傷只不過二十二人。

克萊武一直打到穆犀達巴德，把米爾澤非爾扶立爲三省之王。蘇拉耶多拉曾被逃走了去，可是三天之後，卻被米爾澤非爾的兵士拿獲，在克萊武一點兒也不知道以前，馬上被處了死刑。

因此，法國的生力軍由康特勒利將軍 (General Count Lally) 統率的至終來到印度時，我們已經成功了印度最富之區，孟加拉奧里薩和貝哈爾三省之主了；米爾澤非爾是只能在我們的督察下，治理的。所以我們現在可以毫不掣肘的，去抵禦法軍，而法軍的命運，經勒利的率領，不久就見愈趨愈下。他和他手下最好的軍官，不能相容，又得罪了他的印度的同盟者。他嘗試着要奪取馬德拉斯，卻被敗的損失極多。法國的兵船已被我們趕跑了，至於勒利，雖然手握強兵，卻有許多時候，除率領着來往奔走外，一無所爲。可是至終，和挨爾苦特 (Eyre Coote) 所統的英軍，對壘了好幾個月之後，他又嘗試着要去把那座被奪於英的汪德華西堡 (Wandewash)，重復奪回。

挨爾苦特便在這個地點攻擊他，於是兩方的正式軍隊間纔發生了兇猛的戰鬬兇猛的程度，竟和四個月前窩爾夫（Wolfe）在亞伯拉罕峯上贏得魁北克（Quebec）的那場惡戰一般。在汪德華西，苦特和德勒帕爾（Draper）的雄才大略大獲全勝，從此法人在印度南部的勢力，掃數無餘。一年後笨第舍利也被取得，不久，法國的國旗便絕迹於印度了。

第十一章　亥得阿利和馬剌塔人

我們的小史，現要講到又一時期，那漸次澎漲的英屬地，在治理的手段上，已比克萊武軟弱的多了。在英印的歷史中，英國人而遭遇很大的不名譽，當以此時爲僅有的時期。克萊武已經回國了，這裏的人既沒有強壯的手腕，爲之約束便也不肯以名譽和誠實爲行事的方針。於是前此的興隆，日益衰敝，與土酋間發生的爭端，日趨兇惡，而土酋們自己也是彼此的反目，彼此的戰爭。克萊武回來時，強健的手腕，又恢復了秩序和好的治理。可是爲時不久，他又回國。在他末次離開印度之後，混亂重回，一直等到英政府參與干涉，把窩棱哈斯丁斯(Warren Hastings)派爲總督，以治理東印度公司的屬地時，騷擾方止。哈斯丁斯是個能幹的人，有許多地方，和克萊武相似，然而他現在所要抵禦的攻擊，實爲前此所未有的猛敵所施。

從胥伐其在日以來，馬剌塔人的勢力，無日不見澎漲。他們對於克勝北印全部的嘗試，固已制止於旁尼巴特(Panipat)的大敗；這一役，北部的回軍，得着阿富汗君的幫助，曾力摧強敵，殺了他們二十萬人。可是在西印和中印，他們的勢力，卻仍極強。於是賣索爾(Mysore)的君主亥得阿利(Hider Ali)，便以堅毅兇勇的精神，和這些好亂成性的戰士，連爲同盟，並把我們所助以反對他的海達拉巴(Hyderabad)的劣君，也拉入盟中去了。

我們在馬德拉斯的當軸者，乃是一班無用的人，就中尤以長官湯姆士倫波爾德(Thomas Rumbold)，爲最顢頇。他們雖也得到頻頻的警報，卻只置之不理，一無預備，以致亥得阿利得以率領大軍，突以雷雨之勢，瀉下山邊，侵入加爾那的的平原。逢人殺人，逢屋毀屋，無論城市鄉村，概付一炬。但見黑煙蔽日，連綿不絕的，直到馬德拉斯的城邊。派去抵禦的英軍，已被他們擊敗了，如果亥得而果以全力去打馬德拉斯，馬德拉斯必爲所陷。

哈斯丁斯，那時正在加爾各答，一聞警報，馬上就派挨爾苦特爵士領兵往救。挨爾苦特，是個勇敢的軍人，——普拉西一役贊成前進的七人中一個便是他，——所以他一到，便趕走了亥得，救出了這個市城。但是我們還得和馬剌塔人戰爭哩，他們的勢力直到一八〇三年方纔完全消滅。

雖然，我們卻設法奪取了他們一個大堡壘瓜利爾 (Gwalior)，因而暫時鎮服了他們。這場奇特驚人的功績，是我們中一個已被忘記了的英雄坡帕謨 (Popham) 隊長所成就的。這個堡寨，棲於一個高至幾不可攀的山岩上，當時的人，都以爲決無奪取的可能，便是挨爾苦特也說必是有神經病的，纔去攻打牠。但是我們在印度的戰史，是充滿了豪勇的奇績的，而這件事也就是其中最可注目的一件。

用了兩個月的功夫，坡帕謨看守着這個棲於險峻的山岩上，高不可攀的堡寨，——一面晝夜的看守，一面盡力的設計，以求奪取牠。第一步，他設法把幾個本地的間諜，放進城去；然後再於一七八〇年八月三號的晚上挑出二百壯士各以棉絨裹足，隨着一個英國軍官和四個隊長悄悄的爬到堡寨的牆根，爲之後盾的還有士兵二旅。

山岩的第一段牆頭，是用梯子爬的。這段之上乃是一段高十六英尺的滑的石牆，他們也慢慢的靜靜的升上去了。從這一點起，迎面而矗立的，又是一個一百二十英尺的陡坡。在這裏只要幾個敵人，便可以把他們輕輕捽下，跌成粉碎了，然而馬剌塔人深信以爲只有猿猴纔能爬得上來，因而盡皆熟睡；兼以決意爬城的人，綿絨裹足，行動無聲，所以這段陡坡，也被他們平平安安的爬了上去。

末段石牆，還有三十英尺高，牆頭上已有預在城中的間諜們，放下繩索來了。先是幾個印度兵，援繩而上，其餘的人也都相繼而登。一經全體上城，立即排成隊伍，衝入那些睡熟了的守卒們的營盤裏去。幾分鐘後，這偉大的瓜利爾堡寨便落入我們的掌握了。馬剌塔人羣以爲飛將軍自天而降，驚爲神兵，便是他們的大酋長辛第亞 (Scindia)，也自滿心畏懼，以立刻謀和，爲最好的法門。

我們可以明白那時候英國是何等的危險，如果想到在歐洲，我們和法蘭西，西班牙荷蘭開戰，在美洲又和殖民地戰爭，法國既派海軍幫助我們的殖民地和我們脫離關係，便又遣派有名的薩夫郎（Suffren）提督率領大隊海軍，幫助亥得阿利和馬剌塔人把我們趕出印度。可是等到亥得阿利死後，這長久而使人生倦的爭競告終時，我們的國旗，不但仍是飛揚並且植根愈固。從窩稜哈斯丁斯強健的掌握裏，英國的領土，一畝也沒被那能征善戰的仇敵，和加入助敵的法人，奪了去呀。

其實，土酋們，在彼此不相殘殺時，施與我們的不斷的攻擊，乃是我們的帝國所以能夠擴充其領土於印度的眞正原由。因爲我們每一次打敗了要想毀滅我們的嘗試，便多一次機會和新省接觸，而這些新省，不是要我們幫助他克勝隣省，便是要圖謀設計來害我們的。所以我們雖是早已在設法要免避在印度多所開疆多所設政的煩惱，然而這印度各省自己，不是自相攻擊，便是攻擊我們，或我們的保護國，便把我們趕到往帝國去的路上來，強迫我們身經多年的戰爭，從南方海濱，打開道路，一直來到北方的山境。可注意的是：在印度的長期戰爭裏，雖然侵犯之來，每從北方的山徑，而最後的克服和統一，卻是來自南方，來自大海的。（譯者按這段雖也未免是英國人的口氣，卻也可以拿來給我國人說法：（一）內亂是外侮之源；（二）憤外侮而不自強，徒然排外，是把外人「趕到往帝國去的路上來」的政策。

第十二章　我們怎樣掃清了領到帝國去的道路

一七八六年，康華理男爵（Lord Cornwallis）來做印度第二任總督時，有馬剌塔強敵，峙於我們的西邊和西北邊，又有賣索爾的回君亥得阿利的兒子，第普（Tippoo）。這兩個，乃是那時我們僅有的眞的大敵人。英國政府，以總督爲其代表，現已明公正氣的踐位爲印度國裏，諸大強權之一了。

第普也和他父親一般的恨惡我們，竭力要計激法人和阿富汗人與我爲仇，所以至終我們被迫沒法，只好連合馬剌塔人和我們那不可靠的同盟者，海達拉巴的君主，來反抗他。一七九二年時，我們攻下了他的京都，並佔領了他在馬拉巴海岸邊的一些地方，以防止法國人由此上岸來幫助他這件事卻只使他心裏充滿更爲蠻野的報仇思想，所以我們當時雖然情願讓他許多利益只要他肯和我們爲朋友，停止和法人同謀害我而我們至終還得和他交鋒。後來他被麥將亞搭爾衛爾茲力 (Colonel Arther Wellesley) ——便是日後那有名的衛靈頓公爵 (Duke of Wellington) ——圍困在他自己的京都色林加帕潭 (Seringapatum) 裏，終又爲我軍所打破城破時，第普被殺於一個城門邊的接近交戰，而他的王國即以滅亡。第普即滅他的國土，仍舊給還那被亥得阿利逼走的印度舊皇族，他們在今日治理的又好又平靜。

從此，印度本土的強權，不屬於我們的保護的只有馬剌塔人一族了。他們的精兵很多，爲之統領的，有許多都是法國的軍官。那時，這些法國的軍官，當然是以盡心竭力，以求增加法人於印度的勢力爲目的的。印度的侵略，在我們歐洲的仇敵拿破崙的口裏，也是常常談到的呵。

當時的總督衛爾茲力侯爵，乃是個有決斷而且又有眼光的政治家。他比前次任何人，都更看得清楚，以爲大不列顛必有一個統轄全印的日子在。自然，我們必得去和馬剌塔人開戰，可是我們的軍隊，已比克萊武時候強得多了。除了幾旅訓練絕精的英軍之外，又有兩個出類拔萃的人物，——亞退爾衛爾茲力爵士和勒克（Lake）將軍——來統率他們。

不久，一對馬剌塔首領何爾卡（Holkar）與辛第亞中間，自起了極其兇惡的戰鬥，又有個第三首領名叫倍許瓦（Peishwar）的，深恐戰禍之波及，而自請保護於英國人。那兩個馬剌塔首領，一知這事，不由大怒，決意要來攻打我們。衛爾茲力將軍，是領兵去抵禦他們的，派了一個信使，給辛第亞說，如果他肯抽兵出境，一切都可作為罷論。可是辛第亞回答說，『你先走。』因此，亞退爾衛爾茲力道：『我已經給你和平的機會了，可是你要選擇開戰。好，戰吧！』

四日之內，衛爾茲力連下了辛第亞兩處堅固的地方，又過不久，乃和敵軍交戰於阿賽（Assaye）。辛第亞軍有五萬人，其中多數有很好的訓練，又有法國軍官率領他們。他又有一個一百尊大砲的強砲隊。衛爾茲力呢，只有四千二百人，內有第七十八蘇格蘭軍，第七十四聯，和第十九輕騎隊。他一聽見敵人想走，便決定立刻施行攻擊，並不待史蒂芬孫將軍（General Stevenson）率隊到臨。

這眞是一場惡戰。我們的砲隊，擋不住敵砲的多而且精，已經敗了。前進既止，馬剌塔的馬軍便衝上來。但在他們尚未衝到我們的步隊之前，我們的輕騎隊，已經衝到他們隊裏。這是他們遇見英國馬隊的第一次，大驚失措，亂陣飛逃。當馬隊衝入阿賽村的馬剌塔步軍隊時，我們的步隊，也又刀劍耀目，行伍整齊的逼上前方來了。

當我們的兵士，疾風掃葉般衝過他們的砲線時，這些馬剌塔砲手，一齊倒在地上，好像都已死了一般。但當我們一經過去，他們重復爬起來，調轉砲向我們背後打來。這時候，背腹受敵，眞是危迫萬狀呵。可是英國的步軍訓練有素，決不因此而搖動的。那第七十八隊，轉過身來衝向後去，卒救全軍。戰是打勝了，不過我們這次失去的人數，已在全數三分之一以上。

勒克將軍的戰勝於西北，也有同等的重要的。馬剌塔人統率於法將培隆 (Perron)，在戰事上，眞可謂能。其中一場最爲兇惡的戰鬥，乃是一八〇三年年終時，拉斯瓦里 (Laswarle) 之戰。這一役我們雖終得勝，然已涉險被創，困難萬分了。

在這裏，有個異奇的景象，是我們不能不略爲道及的。勒克將軍既以全力擊散了德利城外的辛第亞軍隊，卽於日落時，和將士騎馬進入這個蒙古帝國的古都城。這實是英國人以征服者的資格進入這個古皇城的第一次呵。

德利城中那些可憐的市民一個個都大睜着求知的驚異的，或者竟是恐怖的眼睛，千萬成羣的，來看這些新奇的戰士。他們入城了，他們要幹什麼？德利城又要重遭一番的刼掠嗎？這些問題，自然是他們所要問的，因爲他們實不能曉得新征服者之來是要爲全國的人民，造就一個公正的，和平的平等待遇的新時期，和阿卡巴時代一般，或竟勝於那時的呵。然而這個時期的降臨，或者很慢，卻亦是意中之事。

在個華麗的宮殿裏，——便是沙機罕盛時所建造的，——勒克看見一個很老很老的老人，坐在一個破敗的華蓋下，眼睛瞎了，是末次的侵犯者挖出了的，無衣無食，非常可憐。他是誰？他便是大蒙古帝國的嗣君，雖還擁着虛號，其實是一個沒有領土的可憐的傀儡皇帝而已。勒克和他的將士們，到晚間就策馬離去這座大而好像鬼窟的宮殿，這可憐的老人，當然仍是住在殿裏，夢想他昔時的榮耀的。然而他已得了人家的告訴，說他和他的子民，將來要受大不列顛的保護，馬剌塔人，將不能再來蹂躪他了。

辛第亞既敗既降，那別一個馬剌塔首領，何爾卡，卻堅守着拉奇普坦納，行軍敏捷非凡，也成了我們一個最活潑最騷擾的仇敵，和南非洲的部耳（Boer）人一般。他竟有一次打的英軍大敗塗地。但是勒克將軍，以再接再厲的毅力，脅迫不已，最後他的軍隊，也只嚇得四散奔逃了。何爾卡自己曾逃出去，可是後來又歡歡喜喜的回來，仿照辛第亞的故事，和英人謀和。

第十三章　慘遭焚掠的地方

賴有衞爾玆力公爵強毅的政策，那擾亂全印爲時已久的馬剌塔人始現衰滅。後來，他們又曾蠢動一次，然亦終於剿淸。我們現在已經是印度的第一強權了；除去判查布一個地方外，其餘各州各省，不受我們的指揮，便是受我們的保護的。惟有在判查布塞克教團，已在漸滋暗長，而成一個極有勢力的民族。

所不幸的，我們母國的人民與政府，初雖炫於衞爾玆力公爵得勝的榮光，突於我軍爲何爾卡所敗於拉奇普坦納時，驚懼莫名。雖有勒克將軍，至終把他降服，而在母國人的心中，卻都以爲我們所佔的領土，已經太大，難以守護了。這眞是懦夫之見，一點兒遠大的眼光也沒有的思想。可是衞爾茲力公爵終於召回繼而派去的，初爲康華理（他曾二次被派）次爲佐治巴洛爵士（Sir George Barlow） 都以開倒車爲事務。他們把領土還給惡劣的君王，解散了依賴我們者和我們間所訂的盟約，又拒絕再去保護各弱邦以反抗他們的壓迫的強鄰。

其實，他們都是這樣想，以爲只要自顧自的往下幹，財，更會發的大，情況也更會進步的。而實際，所得卻使我們英國人蒙上一層可恥的辱名。在西方，那可憐的拉奇普特人，拒絕去幫助馬剌塔人反對我；乃就因其輸誠於我的原故，深受這殘暴的馬剌塔人的蹂躪。那末，施救於他，是我們的責任了，卻覺坐視其危而莫之救，以致全拉奇普坦納都淪入戰爭與擾亂，莫能自拔。

只要舉出一只故事，便可以表明當時的情形了。馬剌塔人一邊正在隨意所之，肆其殘暴時，一邊又有兩個拉奇普特酋長，因爲都想迎娶烏帶浦耳 （Udaipur） 的拉納 （Rana） 的美麗女兒，便互相爭戰，互相慘殺，且當地一切酋長，差不多沒有一個沒加入競爭。可憐那拉納，創巨痛深，情願割捨國土的一半，送給英人，只要英人施以幫助。若遇克萊武，窩稜哈斯丁斯，或衞爾茲力，他必馬上得着救助的，然而現在他竟遇着拒絕。所以只得以領土的四分之一買得一個阿富汗的冒險者阿米爾汗（Ameer Khan），率領三萬兵馬前來救助於他。

可是這酷虐的阿富汗人一到，便命令他把女兒殺了以息戰爭。可憐這勇敢的女子，聽得這個判決，立即承認死之一法，是救父的無上良方。她的哥哥，是派來刺死她的，可是行刑時，手顫無力，不能持刀。於是改用毒藥。她喝毒時，囑咐她失望的母親不要憂傷，因爲快快樂樂的犧牲一己，是拉奇普特女子應盡的本分。這才吞服鴉片而亡。

這是一個可怕的故事。卡拉去耳（Karradur）的老酋長，薩格溫辛夫（Sagwunt Singh）聞信之下，驚懼萬分，立刻上馬飛馳，要想於公主尙未畢命之前，搶先趕到烏帶浦耳抗議這種慘劇。他跳下馬便大叫道：「公主還在嗎？」既知已死，乃翻身上馬，穿過殿堂，來見那愁眉默坐在皇位上的拉納。

他在君王面前，解下佩刀，怒不可遏的顫聲大叫道：「我的祖先，已經爲陛下盡忠三十世了。對於你，我的君王，我不敢說別的；只是我的佩刀，決不再因陛下而拔了。」說畢把佩刀和盾牌，一起丟在君王脚下，騎馬而去。

這個故事指出當日的印度，也和今日一樣，男界女界，都不乏高尚的人。可是我們有匡扶之力而不施，想起來眞是可恥的。九年之後，我們的自私狂，才為哈斯丁斯公爵的強手腕所挽回。那時，拉奇普特人仍請求我們和他連盟，施以保護，便見我們不但是口頭的允許他，並且實實在在地施以扶助了。

那時候，我們眞再不可以不施行強的手腕了。印度的中部，至此時已經偏受了馬剌塔馬隊的焚殺，齊遭了一種品大里斯 (Pindaris) 馬賊的蹂躪。這些嗜殺人的惡魔們，焚燒了無數處的安樂鄉，殺死了千千萬萬的婦孺，拷逼了許許多多的農夫，而英國人當時只要他們不侵入英屬領域，竟都推為不見，任其橫行。英政府和英國人民都這樣說，干涉人家的自由是一件極不對的事情。所以我們只束手旁觀着這些可怕的事件，接二連三的發生。說也可憐，常有全村的人一起自殺，以逃避這些惡賊們的拷逼的哩。從此我們也可以明明白白的看出，如果英國而使印度人民獨立自謀，情形卽將何似了。

至終，在一派軟疲的治理者之後，來了哈斯丁斯公爵的強手腕。一天，那些專以殺人爲事的品大里斯馬賊，正在山間林際，相聚而談他們的贓物和殺戮時，突然間，毫無預警的，來了孟加拉和馬得拉兩處的軍隊，把他們包圍的水洩不通。四下裏英兵和本地軍隊漸漸的愈包愈近了，於是這些殺人的人，才嘗着被殺的滋味。結果他們被殺了數千人，總算一鼓剿滅，大患永除。

於是我們又得去剿除馬剌塔人了。戰爭是很猛烈的。倍許瓦耳（Peishwar）那哥不爾拉查（Nagpore Raja）和何爾卡都在其中。辛第亞見機而作，已降伏了，可是其餘的人，猶得敗然後止。至終，哈斯丁斯大獲全勝，把那多年的害馬，一旦盡除。這拯印民於水火而登之袵席，實是哈斯丁斯一個人的功勞；因爲英國國會只叫他去鎭壓英屬領地裏的搶刧，並沒叫他去領兵打仗的。

馬剌塔人又會橫刀而向我們的原故，其中之一，自是因爲我們那時另有一個困難之點，足以誘起他們的乘機心。尼泊爾（Nepal）的廓爾喀（Gurkhas）人，既征服了俯視孟加拉的高地，得隴望蜀，又在起首攻擊我們轄下的低原。我們和他開仗，一共費去了兩年工夫。兩年之間，困難萬狀，因爲我們的軍隊，必須在濃密的森林裏砍路前行，大砲呢，也得拖到極高之處；沿途又都是些羊腸小道，或高在懸崖之上，或低經深谷之中，危險峻削，最是不利遠征的。

起初，我們失敗很烈，馬剌塔人和塞克人，都以爲我們至終也遇見敵手了。可是等到明哲的蘇克蘭老將奧克特龍尼（Ochterlony）到了尼泊爾時，戰局立刻就改變過來。他接二連三的奪得了廓爾喀人許多個堡寨，終乃長驅而至他們的京都卡特曼杜（Khatmandu），於是廓爾喀只得求和了。從那時起，這些勇敢的小廓爾喀人，常常投入我們的本地軍中，爲我效力，且成功了軍中的幾個訓練最佳的軍旅。他們曾隨着我們的國旗，赴個許多次戰場，也和我們合作過許多次的禦侮，都是英勇非凡的。

（譯者按：本章實地發揮「印人不能自治，英人加以干涉，乃是義不容辭的事情」這層意思，說的何等冠冕堂皇，然而這究竟是帝國主義者的門面話呀，讀者不可被他瞞過。雖然，話又說回來了，『國必自侮，然後人侮之。』凡我國民，當引爲鑒。）

第十四章　判查布的收入版圖

蘭機特辛夫 (Ranjeet Singh) 綽號叫「拉何爾的獅子，」滿臉的麻子，狡猾的眼神兒，猾頭式的嘴，卻假裝做信教甚篤的人。其實他簡直和猶太的國王赫洛德 (Herod)，不相上下，殺個頭兒，砍個手兒，截個腳兒，對於他很是件不在心上的事情。

一天，有人給他看一張印度的地圖。他問道：「這些紅的塊兒，是什麼意思？」人家告訴他說，紅塊都是英國領土的表記。他就把圖一丟，蹙着眉頭說道「這塊地圖，不久便要全都變紅了。」

他既克服了判查布，就看出了和英國人做朋友，是條上計。可是在同時，他又使塞克人成為強有力的軍國，又從阿富汗人手裏奪取了倍許瓦爾：這是兩件不利於英國的事。

適當其時，我們很不喜歡俄國人漸漸的移入印度的北部，所以就很想和阿富汗的酋長多斯特，穆罕默德 (Dost Mohammed) 聯為同盟，因為那時俄國也已派了人，到他那裏了。多斯特穆罕默德是個梗直而誠實的軍人，聽了我們使者的一番話，便說如果我們肯使蘭機特辛夫將倍許瓦爾還給他，他就依我們的意思行事。我們拒絕了他的請求，於是他立刻就容納那俄國公使，駐在喀布爾。

我們對於阿富汗人並沒有什麼眞正的爭端，但是震於自己的地位，於一百年之後，又要爲另一歐洲強權所侵犯，就不得不拿出積極的手段來。在昔時，敵人之來，多由於海，我們是海上的強國，所以很可以制伏他們。這一次的危險，卻是從亞洲取道旱路而南下的呵。

所以我們就攻擊那可憐的老多斯特，穆罕默德，他逃走了，我們就把那毫無價值的蘇渣王 (Shah Soojah) 扶登王位。我們用兵力制伏喀布爾和坎大哈 (Kandahar) 四近地方，有兩年工夫，後來覺着糜費太重，便停止發給那些阿富汗山族的酋長們貴族們使不騷動的薪金。誰知這麼一來，他們立刻成了我們的仇敵，而我們的地位，也就日愈困難，日愈危險起來。因爲在後方的印度，也沒有一國和我們友善。加以辛德人很不喜歡我們；塞克人自蘭機特辛夫突然死後，沒有鎮定他們的人，他們也就以兇悍而妒嫉的眼光，虎視眈眈的望著我們。

便是因爲當時的情形是這樣的不幸，所以後來的結果，竟是在印度的英國軍隊，從來的失敗中失敗最烈的一回。這個或者也是我們惡待老多斯特摩罕默德的懲罰吧。可憐這被逐的老人現於麥克乃夫頓爵士 (Sir W. Macnaghten) 面前時，形容枯槁，面目憔悴，簡直像個活鬼一般。爵士是駐於喀布爾的英國使臣。在一天的黃昏時，同着一個伴侶，騎馬回家，一面談着時局之黑暗逼人，忽見北面來了一個騎馬的人，向着他們疾馳而至。

霎時間，這人已經到了他們的面前。仔細一看，只見他穿的雖是襤褸，精神卻是強健，鈎鈎的鼻子，高高的眉毛，凹凹的眼睛，三綹疎鬚盡成灰色，似乎久已沒有修整過一般。他跳下馬，攀住英使臣的鞍鐙，恭恭敬敬的行了個深鞠躬禮。這人便是多斯特摩罕默德，他倦於流逐的生活了，他來，因的是投降，情願任憑我們怎樣去處置。所以我們也就送他到印度總督那裏，做個上賓之職，每年給他二萬金鎊的養老金。

這時候，阿富汗人舉國多興起來攻擊我們了。我們在喀布爾的兵力雖不算少，卻是統馭無方，所以那可憐的使臣麥克乃夫頓爵士和別幾個官員都被殺害了。而於一八四二年的正月六號，那裏又有我們的四千兵卒和一萬二千男女老幼，相信了阿富汗人的契約，便在嚴寒凜烈之中出發，要想穿行高山深谷，取路回印度來。

可是阿富汗人是已經發誓不許一個英國人活着離開他們的國境的。這段回印記，道路迢迢，死亡相藉，說起來眞是太怕人了。沿途不絕的屠殺，我們的軍隊沒食沒火，又沒得休息，只是拚命的且戰且行，但見人數一時比一時的少，不是饑寒而死，便是受了敵人不斷的襲擊而亡啦。

沿着那黑暗的喀布爾山徑，一直上去，躺滿了我們這隊勇敢的軍人的死屍。只有六個馬匹較好的軍官，到得乍拉拉巴德 (Jallalabad) 數里外一塊地方，而尙有餘力能夠騎着疲馬，帶着破刀柄，痛苦萬分的馳進這鎭裏的，卻只有一個人。這人名叫布里頓博士 (Dr. Brydon)，他的得以幸免於難，也只是一件得儌天幸的事情。當時他的同伴被殺的也多了。霎時間，一個兇猛的阿富汗馬兵，馳到他的身傍，要乘機施以毒手。布里頓的馬忽然失足，把他掀了下來。那阿富汗兵更不停留，乘勢就是一刀。卻斬壞了他的佩刀，餘勢不衰，又割破了他的膝蓋。布里頓疼痛難忍，不覺彎身向前，豈知那攻擊他的人，卻以爲他這麽彎身是在拔取手鎗，便立刻撥轉馬頭，騰躍而去了。

幾個月後，波羅克將軍 (General Pollock) 率領着一隊英兵，攻入阿富汗，取了喀布爾，救出了我們被獲的男女國人。然後又把阿富汗人很很的教訓了一頓，才提兵而回。

這事之後，我們立刻又和西北方的辛德人在印度斯河上大戰起來。結果，我們奪取了辛德。三年之後，那久已料到的塞克戰爭，於是乎起。蘭機特辛夫死後，再沒有人能夠約束那些從他征服判查布，奪取倍許瓦爾的猛士們了。於是全國大亂，那軍隊，差不多包含了全國的人民，起了屢次不一次的兵變與屠殺，至終乃都大鬧着要出國去侵伐隣邦。那母后——蘭機特辛夫的寡妻，——被他們鬧得沒法，爲免除暴動起見，終於允許他們去侵犯英屬的領土。

戰爭迅雷般隨之而生。我們在印度廣闊的平原，是得勝慣了的，不覺便看低了敵人的戰鬥力；迎戰時，方才覺悟，而敵人精練的鎗砲，已是撒豆般打來，把我們驚駭的了不得。

第一戰在穆德歧 (Moodkee)，我們雖能得勝，代價卻是貴得很。三天後，又發生了飛洛沙 (Ferozshah) 的大戰。這一役雙方惡戰，死亡最多，眞是我們在印度的第一場猛烈的戰爭了。結果，我們剛剛支持得住，總還算好。接着還經了兩場惡戰，一在阿理窪 (Aliwal)，一在索布刺温

(Sobraon)，敵人雖猛，終被驅回，退過薩特勒日 (Sutlej)，抵抗力完全消滅，因而不得不降。

可是這身軀長大的塞克人只因性好戰爭，對於我們是並沒有什麽惡意的。後來有一個塞克人告訴一個英國軍官他怎樣在阿理窪一戰裏，跪着接受英國馬隊的攻擊；據說他膝行而前，經了我們三次的攻擊，纔失去知覺，倒在他已死的同伴中。末了，他又把他的小手指伸出一點兒指着說：「你們好過我們的，眞眞只是這一點兒，——只這一點兒，再也沒有得多！可是你們到底指揮的好。」

後來我們又和辛德人開了一戰，於是塞克人決定要和我們再來一回。我們相遇於企粱華喇 (Chillianwali)，那塊亞歷山大曾打敗了波勒斯的兒子的古戰場。塞克人的兵力極大，他們的礮隊，強烈非凡。我們呢，調度的非常之糟，所以失去許許多多的軍官和兵士之後，方纔剛剛贏得他們，而敵人們雖然敗北，卻得着後援，聲勢便又百倍於前。他們想盡了方法，要引誘哥夫將軍 (General Gough) 去攻擊一個非常堅固的地方，但是他決不上當，很忍耐的等候，直待一隊英國的生力軍到來。可笑那塞克人本是應當早施攻擊的，卻等到英軍兵力充實之後纔出來，且又移到一處形勢較劣的古者拉特 (Gujerat)。

哥夫將軍這纔下令攻打。現在他既有了精強十倍的礮隊，便能毀滅了敵人的鎗礮；然後纔以靈銳的手腕，指揮步兵向前猛擊，完全打散了對方的軍隊，把他們的礮隊盡數擄獲了來。這勇敢的塞克人，苦也吃够了，這纔死心塌地的歸降我們。判查布，末一個獨立的本土王國，便是這樣成爲英國的屬地的；從此印度的地圖，直到北方的大山區域，都染成了紅色了。

第十五章　印度軍的叛亂

至終我們成了全印度的地主，再沒有人能和我們爭權或破壞地方上的治安。我們還和緬甸人打了一戰，結果把緬甸的南部收歸版圖，自是有的；不過在印度，卻大家相安無事了七年工夫。七年既過，戰爭慘禍，突然復臨。我們所轄的印度軍隊，離叛起來了。

這次可怕的叛亂，時人曾爲推求而得多種的原因。那時有個新式鎗彈的故事，徧傳於印度軍中，說英人新造的子彈，多塗了豬牛的油脂，以褻辱印度兵與回教兵的。再加以好亂的人，到處去祕密的加以煽惑，口稱英國人將要毀滅本地的古宗教，要把基督教來代替牠們。

這些事情自然相幫着激怒了土人軍隊，可是在這一切的後面的，乃是因爲印度承平於久亂之餘，印兵自恃功高自尊自大便覺不能滿足，不安寧靜吧了。這裏的古代預言，又有一種，說是印度聖地將有百年受治於白種人。推算起來，從普拉西一役，到現在，不是剛巧一百年了嗎？

這反叛雖然使我們震驚失措，可是未發之前，警示也是不少，若能先事預防，也並不是不可遏止的。當時常有印度士兵中夜集會，繼之以對於官長的立刻不加尊重，同時又發見了無數小餅，從一村傳遞到別一村。英國人固然都不知其用意何在，可是個個人都覺得必有一種稀奇的黑幕，徧佈了全印度的地方啦。

叛亂時的驚怖和叛亂中的英雄，可以翻閱關於那次大叛亂的歷史。那些記錄，讀起來雖是可怖，卻又使人不忍釋手的。第一次暴動發生於巴拉克普爾（Barrackpore），在加爾各答北邊一百英里的地方，賴有那超邁孥倫的赫爾色（Hearsey）參將，那次變亂，倒剿平了。但是不幸在五月十號，風潮發生於米剌特（Meerut）時，那罪無可赦的愚夫休易特（Hewitt）將軍，卻使叛亂得到第一次機會。他手下雖有一隊精強的英國軍，而竟束手旁觀，一任印兵去焚燒市鎮，殺戮歐人。無論男女老幼，只要是歐洲人，一被他們搜得，沒有一個得而倖免。

他們在這裏既得了勢，便又乘勢衝入德利。可憐德利城中的英人一點兒也沒得着休易特的警告，對於這場臨頭的大難，尙在夢中呢。大阿卡巴的後裔，那年老無能的巴哈丟耳皇帝(Bahadur Shah)，被叛兵擁戴爲君。許多日裏，德利簡直變成一座屠殺場，恐怖萬狀，一切屬於英國的，都被消毀，——男人柔弱的女人，年幼的孩童，都被他們弄死，致死之法，每每慘毒非常。可是這些人雖然慘死，卻也報了仇了。九個英雄守護着德利的兵工廠，廠中火藥軍器，聚積如山。反叛的印軍，蜂擁般打的來了，大尉尉羅比(Willoughby)努力迎敵，既放了他末次的礮彈，便高高的舉起手來。斯庫利(Scully)一見，立刻就在火藥堆上點火，霎時間轟地一聲，那巨大的火藥庫和堡壘一起飛入半天，周圍十幾英里的地，都被震動。

印度國裏，到處都有些四無救援的小隊守兵，極其英勇的努力拒敵，視死如歸。孔坡(Cawnpore)地方被他們屠洗了，可是勒克瑙(Lucknow)抵住了他們。在德利，且有一小隊英軍起始冒險去圍困他們。於是軍旅匆促的從英國派來了，塞克人是向着我們的，又有那身軀矮小的廓爾喀人從尼泊爾來援助我們。最後這一髮千鈞的時勢，只繫於二件事上：一是我們能不能奪回德利，一是勒克瑙使館倒不倒。

勒克瑙的英雄守卒，隨着勇將羅凌斯 (Lawrence) 的指揮，在那整日整夜的鎗林彈雨中，抵禦數千暴敵，危難萬分。甚至已經受了傷的人，於需助最急時，多從醫院裏爬出來，躺下放鎗，或為別人搬運一切。羅凌斯中礮亡身，可是哈味羅克 (Havelock) 和烏特藍 (Outram) 二人，已帶着一小隊兵力，衝開敵陣，進城協助守兵。原來那時候德利城已經被約翰尼科爾孫 (John Nikolson) 所取，而戰局已經轉變了。繼而可林坎柏爾 (Colin Campbell) 領着大隊的英軍和塞克軍，把在使館四圍印度叛兵所據的要塞，一一奪獲，到十一月十六號，勒克瑙的大患方平。

我們的軍人冒着雨點一般打來的鎗彈，攻打那些深溝高壘的堡寨，那時的戰爭，簡直猛烈到極點了。那其中最猛烈的，或者要數塞坎得巴 (Secunder Bagh) 一役。這地方有高牆有城堞，有放鎗的牆洞，又有一隊強銳的印度守兵，所以那鎮靜的老可林爵士自己多這樣說：「自古至今，當更沒有一個勇敢的功績比較攻取塞坎得巴之役更爲猛烈的了。」敵人們看見逃走已不能够失望之餘便都死戰。空氣中充滿了可怕的聲浪，不絕的鎗聲，印兵的詛咒聲呼喊聲，英兵所喊的「兄弟們，別忘了孔坡！」一聲雜亂萬端。可是我們至終攻進了塞坎得巴。蘇格蘭軍人的白色腿，好戰的塞克人的椶色腿，相映分明，一起衝入城去第二天便見二萬印兵，身穿英國的舊軍服，一堆一堆的，偏橫在地面上啦。

勒克瑙幸而免於同受孔坡的慘禍，便是藉着這樣的猛戰。可是可林坎柏爾要使婦孺們全體，都得平安此後還打了好幾次惡戰，直到一八五八年五月，這場叛亂方始告平哩。這次叛亂的消滅，也和德利皇城恢復了之後，在九月底那一天，阿格拉叛軍的消滅一般。

那天晚上，他們駐紮在阿格拉平原上，共有五萬人，還是有組織的，還是有戰鬥力和決戰心的。營中的燈火，閃閃於黑暗之中，可是，一到天亮，燈光漸稀，以至於烏有，那屯在原上的千軍萬馬，一個都沒有了。原來他們反抗的精神，忽於那天夜裏完全消失。恐懼悄悄的進到他們的心裏，所以一到天明，大家紛紛四散，逃回故鄉，都去裝扮成和平寧靜的農人和工人，工作於田間，以免爲復仇者所認出。

那瘦削的使館，仍然矗立；那爲叛徒的礮火所轟毀的破牆，是可以爲城中那些努力禦敵的男女英雄作紀念的，也和使館一同存在。我們還可以看見驍將羅凌斯的死處，這裏便是他在鎗林彈雨裏獲得他最後的光榮之處。他中了彈，毫不退縮，反而很鎮靜的招呼大家努力抵禦，絕莫投降，保護婦孺，盡人事以待天命，他是何等的忠勇呵！環於使館四圍的，仍可看見各汛地。牠們各有各自的一段猛烈的小歷史，而我們便是在這些地方阻止敵人，使不能長驅直入，肆其屠殺的。其中一處，叫做度普勒汛地 (Duprat's Post) 的，乃是一個與此同名的法國勇士爲我們盡力的地方。

叛亂過後，我們就掃清了那印度有名而可畏的末幾個名義上的幻影。第一件，那蒙古皇帝和他的朝廷，曾是引起反叛的幻影，從此時起，永遠不見於德利了。第二件，末一個僭稱爲馬剌塔人的酋長的人，是曾和納薩黑伯 (Nana Sahib) 同謀殺害我們住在孔坡的婦孺的，他的威名，也消滅於孔坡。末一件，印度的政治全權本是屬於東印度公司的，現在已移歸英國的皇帝。

第十六章　英皇轄下的印度

（譯者按這一章純是一篇對於英皇歌功頌德的文字，顯然無疑，無庸譯者多評。）

印兵叛亂的戡平，是我們在印度末一次大規模的用兵生命雖然喪失的極多極慘，而我們的立國精神，經此一番磨鍊，乃越是發揚光大起來

亂平之後，小戰是還有幾次的：一次是把緬甸並歸帝國；一次是和阿富汗人戰爭；還有一次，是和我們西北邊境上的兇蠻民族交戰。但這不過是印度的舊歷史，從頭再演吧了。古時的危險，總是從北方來的，我們現在所感到的，也和在我們之前的蒙古人和其他宰制印度的人所感到的一般。

所以要了解我們對於阿富汗的末次戰爭，惟一的方法，只是記取那不過是防止俄國使不能由亞洲侵入印度的計畫的一部分。至於和邊境蠻民間所起的戰爭，差不多從不停止，也是爲保護我們印度的子民起見所不可少的；那些蠻民慓悍善戰，全副武裝的約莫有二十萬人，若不

施以抵禦，我們的人民，必然日甚一日的爲這些山間游牧的民羣所蹂躪了。

世界各國的軍隊，當沒有能够像那在印度的邊界上保守和平的英軍，那樣行軍敏捷的。別國的軍人所歷的戰場，也再沒有像英軍在印度的西北邊境中所歷的高山深谷，大澗懸崖，峭徑，那樣艱難危險。加以那些伺伏於山際堡壘中的，多是些兇惡的，嗜殺的，不可制伏的強盜民族，鎗法既精，而所最好的，又是設詭計以陷害英人，或和英國軍隊決死戰。於是英國的軍隊愈益困苦。

我們和邊境蠻民的戰爭，前此往往是此平彼起，並非同時並舉的。然而一八九七年，維多利亞女皇舉行金剛石紀念那年，在我們的邊境歷史上，卻見第一次那山間氏族中的最強大者，一同起來攻我們。我們以超乎尋常的速度，把軍隊調到邊疆，深入羣山，愈英勇，愈危險，就好像打進了一個巨大的黃蜂窩一般。當我們追亡逐北時，或被敵人乘夜刼襲時，不斷的損失了許多將士。有時，敵人們人多勢大，攻破我們一兩處山間的堡壘，那末，堡中少數的守卒，往往慘死重傷，終至一人不存，方始罷休。可是最後，我們即在他們自己的山中，教訓他們，使知不列顛治理手腕的富於忍耐，雖有似乎如年的夏日，而一旦用兵，她的長臂也和亘亘的冬夜一般。

這句如畫的話，便是帕孫（Pathan）族人自己說的。可是這項功課，必得教了又教，學了又學，便在邊疆號稱平靜的時候，都不免有兇惡的強盜隊，不絕的侵入我們的國境，又搶刼又殺人。所以我們守邊的軍旅，是永不能撤的，這裏發生有許多次的小戰爭，我們住在本國的人，一點兒也不知道哩。

但這一切，乃是我們宰制印度者不可避免的責任。這個責任，印度人民自女皇維多利亞被宣告爲印度的皇后於德利那公開的參見廳之後，（一八七七正月一號）愈加懇切的盼望於我們。到一九〇三年，愛德華七世登了皇位，這種感情，又更濃厚。參謁日前二日，德利城外，舉行總督入城典禮，這次典禮，可以說是印度破天荒的一個奇觀。因爲那迤長燦爛的行列，代表印度全部，從此已一心一德的連絡起來。行列中共有五十五員當權的王子，穿着金衣，帶着珠寶鑽石，騎着黃金燦爛色彩鮮明的大象，隨於總督之後，徐徐馳來。這些大象，頸部都帶着丁丁作響的一圈銀鈴，身幹上又畫着朱紅，藍，黃，三種顏色。

行列中有形容可畏的阿富汗酋和巴孫酋，來自北方山境；又有緬甸酋和南方的土酋。總之，印度的各部份，從前曾和我們交戰的各民族，莫不有其大人物，參與這場謁見，以表示他們對於皇帝的忠心和敬意。皇帝，是全印度所仰望以求和平，興盛，與民族的進步的呵。

只有那忌妒心最大的仇敵，才否認印度和印度的人民受惠於我們的治理呢。這件事有個最大的證明，便是從一八五八年叛亂戡平後，印度國的裏面，和平康泰，未有間斷。沒有軍隊相與交鋒，沒有外仇踐踏印度的土地，更沒有土酋帶領軍隊殺戮搶掠他較弱的隣邦。在印度全部的歷史裏，可以說她竟沒有過過這樣一個極其太平的時期。

此外我們還剿清了國中的匪盜，和那專以刼殺爲事的盜黨（Thugs）。未經我們剿滅之前，每年死於這羣盜黨的，總有好幾百人。我們又制止了焚婦殉夫，和害死女嬰的惡風俗，廢除了奧里薩的空次（Khonds）蠻族裏所通行的人爲犧牲。然在制止時，廢除時，並沒用一點兒武力。舉個例，那空次人相信每年必須舉行一次人爲犧牲的典禮，以求一個惡女神的歡心。所以年年都有許多可憐的人被他們聚在一處，處死。後來有個青年官吏——隊長麥費孫（Captain Macpherson），——到他們那裏去做官長。他和空次人弄得非常友善，就勸他們試做一個試驗看看。大犧牲的日子已快到了，受死的人也都預備好了。他們何以要死？要死的特別目的，是要求那惡鬼賜給他們一次好收成。

於是隊長麥費孫勸空次人把他們所預備的犧牲全交給他，又叫他們去向女神說，今年不供犧牲，乃是英國人的意思，如果女神有所責罰，儘管去責罰英國人好了，因爲英國人說，他們願意領受女神的任何責罰。起初，空次人很是不安，但是事有湊巧，那年的收成，非常豐盛，而這隊長，又毫無所傷。空次人這纔相信，這纔把人爲犧牲的惡俗永遠廢除。

若是要把我們在印度所做的事情一起說出來，未免太長了。我們知道成績雖然這樣好，還是有印度人不歡喜我們治理的。但是他們中最好的人，已是感謝我們了。有一個愛國而見識頗高明的印度人，名叫西德阿默爵士 (Sir Sied Ahmed)，在一次演說裏，這樣對他的國人說：「英政府是上帝把治理印度的權柄賜給他了，所以我們對於她，不可以懷惡意。我們對於那治理我們的民族，也是不可以存不好的心思的。再請想想這一層吧，——她的治理，是何等的公正！英政府對於受她轄治的人，是這樣寬洪大量，便是在世界的歷史上也找不出第二個榜樣呀。」

又有一個中亞細亞的回教大王子，一次去拜謁阿拉伯的聖城，回來時，經過印度。他這樣形容英國人說：「他們的信心固是黑的，可是他們的公正是純潔而無疵。」便因我們把這樣的太平公正帶到一塊一切都是殘酷和壓迫的地方，所以我們的君王纔能看見印度全地都團聚在他的統治權底下。緬甸全部已經來到他的笏下了；俾路芝斯坦(Baluchistan)又歸了他的保護。於是我們的鐵道，就一直駛上北部的高山裏，便是阿富汗自身也劃了一條界線，請求我們在這界上，幫助他防禦敵人。

這便是我們在一九一一年時的印度帝國。在全部的世界歷史中，再也莫有奇於印度帝國發達的故事了，因為在一六一二年機罕機爾和世界之光當國時，蒙古大帝國的威勢，普籠全地，而我們的帝國，不過是素拉一個渺小的商業居留地而已，又誰知三百年後，竟會成功這樣一個光明燦爛的帝國呢。

歐洲大戰，使印度發生了一個大的反響。這反響並不拘於正式軍隊，便是那些當權的王子們，也有許多帶着他們自己的人去攻打不列顛的敵人。他們明白他們的戰事，是和她同其休戚

元1675(三)　　30—12—14

Young Men's Historical and Geographical Series
Ancient India
The Commercial Press, Limited

中華民國十四年十二月初版

（少年史地叢書）印度小史一冊

（每冊定價大洋叁角）

（外埠酌加運費匯費）

譯述者　滕柱

發行者　商務印書館

印刷所　上海北河南路北首寶山路　商務印書館

總發行所　上海棋盤街中市　商務印書館

分售處　北京　天津　保定　奉天　吉林　龍江　濟南　太原　開封　西安　南京　杭州　蘭谿　安慶　蕪湖　南昌　九江　漢口　長沙　常德　衡州　成都　重慶　廈門　福州　廣州　潮州　香港　梧州　雲南　貴陽　張家口　新嘉坡　商務印書分館

馬來亞歷史概要

馬來亞歷史概要

張禮千 著

民國二十九年長沙商務印書館鉛印本

張禮千著

馬來亞歷史概要

商務印書館發行

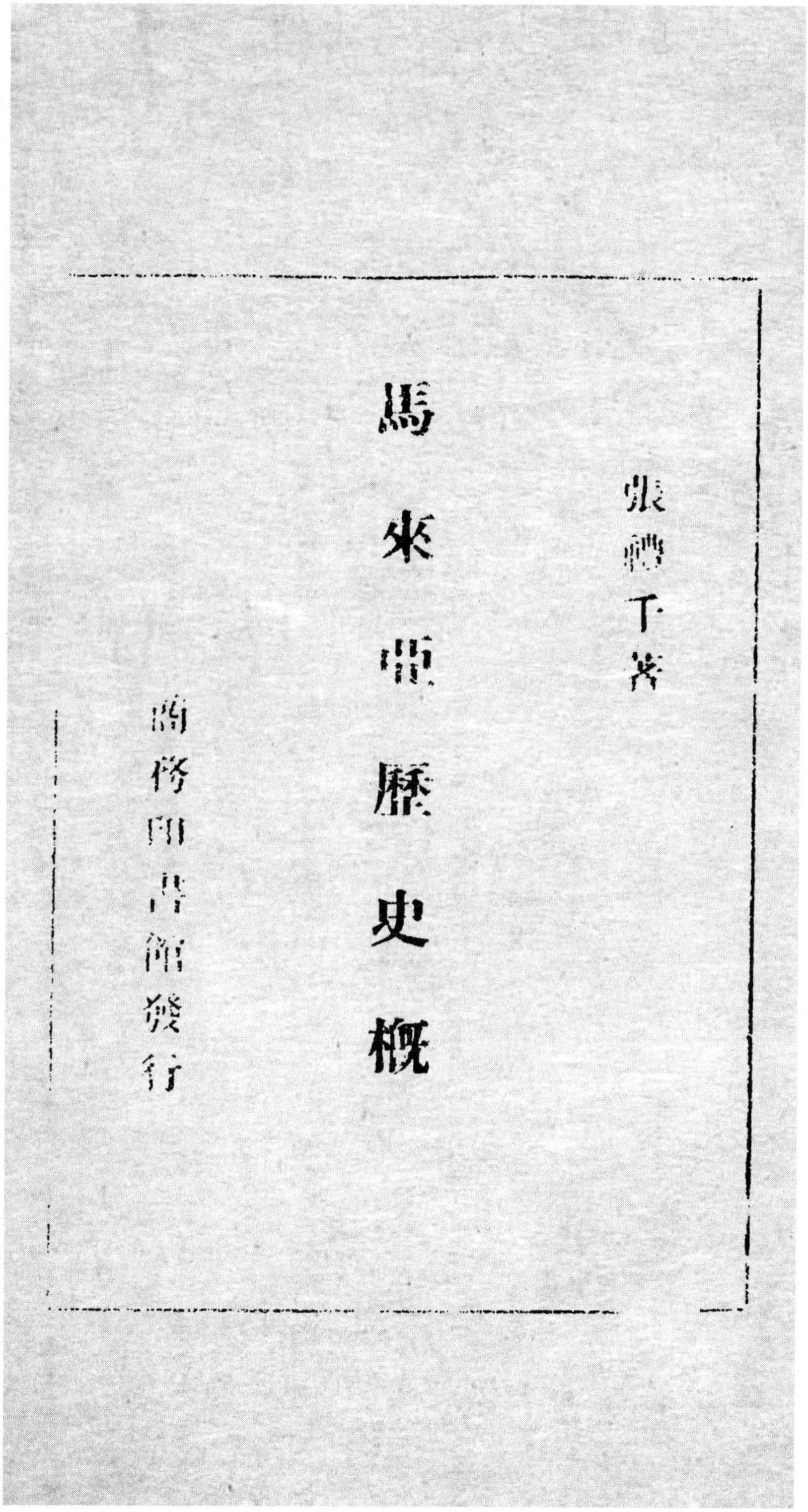

馬來亞歷史概

張禮千著

商務印書館發行

目錄

序

敵人炮火，迫我南來舊地重臨，倍增悵觸。遨遊數月，深覺馬來亞之衣食住行，較六、七年前確有顯著之進步，而默察我僑文化則未免仍在停滯之中也。就教育言則自居留政府實施會考以來，學生程度似漸趨一致，而不合法之校舍，亦因取締綦嚴，漸歸淘汰。但課程是否完備，教法是否改進，管理是否合理，設備是否充實，各級程度是否已達標準，各項功課是否平均發展，則似尚有所待也。惟此數年之間，馬來亞之華僑中等教育備極發達，舉凡較大之市鎮，均有男女初中初師之設立，據本人所知，其數已在三十左右，所可惜者，此種中等學校，大都附屬於小學之內耳。再就有關於南洋學術方面之文字言之，則亦多未妥之處：因道聽塗說之故，認波羅即是波羅蜜，因一字相同之理，誤丹丹即是吉蘭丹，諸如此類，不勝枚舉。此外如譯名之光怪陸離（據本人意見凡有古名及已經通用之名稱可據者，應照古名或通用之名稱。否則音譯或意譯之）地名、人名、族名、物名等之混淆不辨，猶其餘事也。而考證之處，亦多武斷：法顯自師子（即錫蘭。法顯自多摩梨帝國至師子國，再自師子回國。）歸航途經耶婆提，固爲其佛國記所記載，但耶婆提之是否卽係今日之爪哇，至今尙無定論也，法國學者費瑯（G. Ferrand）考耶婆提爲今日之蘇門答臘，其理由極爲充實。）設吾人貿然肯定，則適蹈失實之弊。夫以南洋範圍之廣闊，民族之複雜，物產之豐盈，政制之錯綜，歷史之悠久，宗教、語言、風俗之歧異，則吾人著一書，撰一文，而動以南洋兩字括之，其毋乃不可乎？故吾人不欲研究南洋文化則已，苟欲研究南洋文化，則須抱下列之兩種態度：

（一）急宜縮小範圍，分工合作，

（二）切戒標奇立異，好高騖遠，

誠能如是，則南洋文化前途庶幾有望，而吾人之作品，亦可不致貽外人之譏矣。

吾深信吾中華民族，亦爲世界上優秀之民族。如近五、六年來國內建設事業之突飛猛晉，實爲世界上任何國家所不及。又如此次對日抗戰之神聖行爲，更爲天下所創見。前線將士，忠貫日月。後方民衆，義薄雲霄。此種大智大仁大勇之民族，恐亦爲任何國家所罕睹。凡吾研究南洋文化之同志，如能化除偏見，抱爲國抗戰之精神，埋頭努力，則吾知其不久之將來，亦必有驚人之成績。

據最近之統計，華僑之在馬來亞者已達二百一十萬人，較九年前約增四十萬。此偌大之民族團體，對於組織研究南洋文化之學術機關，似從未計及，此實為吾僑之最大缺憾。吾人須知學術之隆替，實關係於民族之生存。況吾國與馬來亞發生關係，幾達二千餘年之久，而二十世紀內民族競爭之心，亦將愈趨而愈烈。設吾僑不再覺悟，迎頭苦幹，則將未免有被淘汰之虞矣。

余在國內時，老友劉士木先生常一再促余多寫有關南洋方面之文字，余終以俗務所羈，極少發表。此次避難南來，不但劉先生仍督促如前，而華文副提學司(Assistant Director of Education)(Chinese)魏堅先生(Edward Cecil Stapleton Adkins)亦力勸余從事著作。惟余年來東奔西走，學殖荒落，參考書籍，毀於炮火，是以恐難副兩先生之期望耳。茲先裒集有關歷史之近作數篇，先行付梓，一為吾從事馬來亞方面著述之發軔，二為紀念兩先生諄諄勸導之盛意也。

民國二十八年一月三十日序於

檳榔嶼極樂寺下，時年四十三歲。

馬來亞歷史概要

一　馬來亞歷史概要

吾國記載古代南洋各國史地物產風俗人情之書籍，眞有車載斗量指不勝屈之概。舉其要者：則有周去非之嶺外代答，趙汝适之諸番誌，汪大淵之島夷志略，馬歡之瀛涯勝覽，費信之星槎勝覽，黃省曾之西洋朝貢典錄，賈耽所撰之人四夷路程等。而散見於册府元龜、文獻通考、太平御覽、古今圖書集成及宋會要等之叢書中者，著錄亦極豐富。更有往來南海之唐代高僧，所記南洋各國之情況，尤爲名貴。故凡西洋漢學專家，其欲研究古代南洋之史地者，無不取材於吾國珍貴之寶典。彼等對於人名地名物名之考訂，用力甚勤，苟有所得，卽發爲精闢之論，公之於世。吾人則再從西文中尋求摸索，與先哲所著之典籍互相校對，然後知 Parameswara 者，卽稱臣納貢於吾國之馬六甲國士拜望迷蘇刺也。durian 者，即馬歡書中所稱之賭爾馬也。設吾人無西文爲之對音，則賭爾焉之爲人人愛食之榴槤，莽吉柿之爲鮮潔甜美之山竹，有誰知之？吾人不求諸己而反求諸人，其何以對地下之先哲乎？尤可痛哉，吾國人之談發見新天地者，莫不盛稱伽馬與哥倫布等之豐功偉業，而對於自國之大航海家如鄭和、王景弘等反棄而不言。考先賢鄭和於一四三二年末即遠達波斯灣之忽魯謨斯（Hormuz），或且遠抵非洲東岸之竹步(Jobo)，較伽馬之抵印度早六十六年，較哥倫布之發見新大陸早六十年矣。此種數典忘祖之事實，眞令有心人有啼笑皆非之概。檳榔嶼惠安公所此次發行紀念刊，囑余撰馬來亞史地一文，余將詳於古而略於今，多記吾國與此地之關係，略敘西人近數百年來之經營。蓋著者之目的：一欲使僑胞知吾國與馬來亞之關係淵源甚古，二欲引起僑胞對於馬來亞之文化多多研究，毋爲長眠於地下之先哲所笑也。

（一）中國古代與馬來亞之關係

吾國與馬來亞發生關係，爲時甚古，載籍之文可以徵引者，始於漢代。廣東通志謂馬六甲（古稱滿剌加）國卽古之哥羅富沙也，漢時常通中國，後爲頓遜所羈屬，頓遜卽今緬甸德那塞林（Tenasserim）一帶地。此可證者一。漢平帝時王莽輔政，欲耀威德，厚遺黃支王，令遣使獻生犀牛。自黃支船行可八月到皮宗，船行可二月到日南象林。據近人考訂，黃支爲古代達羅毗荼國之都城建志補羅，卽今日南印度之 Conjeveram 也。日南象林爲安南順化一帶之地。而所謂皮宗者，卽柔佛西岸離大笨珍（Pontian Besar）不遠之香蕉島也。（一說係蘇門答臘東北之香蕉島）土人稱香蕉曰 Pisang，皮宗係其對音，此可證者二。雖哥羅富沙之卽爲馬六甲，皮宗之卽係香蕉島，尚無更充分之證據，使其成爲定讞，但吾國漢代與馬來亞交通之頻繁，要爲確切不易之事。

三國時吳主孫權遣朱應康泰南宣國化。據近人考訂，朱康二公所經之國計十有餘處，其中涉及馬來亞或與馬來亞之附近有關係者，曰薄歎洲卽今日之兵打島（Bintang），曰馬五洲卽今日之邦加島（Bangka），曰比攎洲卽今日之勿里洞島（Billiton），曰蒲羅中國卽今日之柔佛，曰耽蘭洲卽今日之 Tantalam，此種考證雖多臆斷，然在三國時中華文化之南被，無人能加以否認也。

漢晉之際，佛法漸盛，於是往來南海宣揚佛法暨取佛經之高僧踵趾相接，其所取之道必過馬六甲海峽無疑，則馬來亞與吾國之關係漸趨親密，亦勢所必然也。梁武帝天監十四年卽西歷五一五年，有狼牙脩國之王名婆伽達多（Bhagadatta）者，遣使阿撤多詣闕奉表貢呈珍異，其景仰吾國之聲威，可以推知。按吾國典籍所載，狼牙脩國在南海中，其界東西三十日行，南北二十日行，似一大國也。其建國之時代，約在西元百年之頃，有廣闊之城牆，產奇異之香木，人有修長之髮，耳垂金質之環，國王外出乘象，兵將保護森嚴，其儀容之盛，令人起敬，則似又一富強之國焉。然則昔日之狼牙脩究係今日之何地乎？則據近人之考證，其國都遺址當在吉打峯（Kedah Peak）東數英里之 Kubok Bulei 附近，其國界當擁有今日之吉打及暹屬大年（Patani）之一部可斷言也（一九三八年五月十一日新加坡海峽時報（Straits Times）發表威爾斯博士（H. G. Q. Wales）在馬來半島北部考古發掘之報告，謂在吉打霹靂之間已發見狼牙脩帝國之古城。）唐高僧義淨所稱之郎迦戍，宋趙汝适諸番誌中所稱之凌牙斯，以及元代所稱之龍牙犀角，皆狼牙脩之同名異譯。近來西文書中，則稱狼牙脩曰 Langkasuka。吾人對此馬來亞之古國，能無今昔之感乎？

隋煬帝登極未久，即遣常駿王君政等奉使赤土國（Raktamrttika）。考常駿等之行程，發自廣州，沿安南海岸行，後折入暹羅灣，沿柬埔寨海岸行，迨至馬來半島北部東岸，西望見狼牙脩國之山，南過雞籠小島而達赤土國界。雞籠島必為馬來半島旁之一小島，赤土國必在馬來半島之內。惟究指今之何地，則以無充分之證據，未敢貿然斷定。但據其方位考之，似非在狼牙脩國之北，當在其南耳。（大航海家佛陀笈多（Buddhagupta）曾寓居赤土國甚久。）

唐代海上交通較前更盛，國人之南遊者，自必益夥，至今海外僑胞自稱唐人，即古代之餘風遺留也。因唐代南遊者衆，於是關於地理方面之著述，竟如汗牛充棟，惟書多散佚，徒具目錄，殊為可惜。幸賈耽所撰入四夷路程一文，附載新唐書內，足供研考。其廣州通海夷道一篇，已經法國漢學專家伯希和及德國學者希爾特（Hirth）等詳為考證，頗有價值。篇中地名與馬來亞有關者，計有兩處：曰海峽，番人謂之「質」（Selat）。（註）二曰箇羅國。彼等考訂前者即新加坡海峽，後者即吉打也。然則吾國與新加坡在唐代已發生關係，可以明矣。至於唐代往來南海之僧人，尤為衆多：據義淨所著大唐求法高僧傳中之記載，謂西行求法之僧人凡六十，而取海道者過半數。蘇門答臘之室利佛逝

（宋明稱三佛齊）馬來半島西岸之羯荼，彼等無不駐足，所謂室利佛逝者即今之巨港或占卑（Jambi），而羯荼者亦即今之吉打也。此外如僧人所經之咀咀洲（梁書稱丹丹，新唐書稱單單）及盆盆洲（梁書稱盤盤，）雖能知其屬馬來半島，但因證據不充，至今仍不能確定其方位，試思國人之航海精神，其時有誰可與之比擬乎？

宋代著錄南海諸國最詳之書籍，為周去非之嶺外代答。其中有佛羅安國者，即今日雪蘭莪屬之比蘭能（Beranang）、也稍後有趙汝适之諸番誌，稱佛羅安與蓬豐、登牙儂、吉蘭丹三國為隣，其時均為三佛齊之屬國，而無自主之權云。考蓬豐即今日之彭亨，登牙儂即今日之丁加奴，吉蘭丹今昔同名，不言而知。至三佛齊即室利佛逝，其時在南海中確為一強大無比之國，不但上述之佛羅安、蓬豐等國受其統治，即吾人今日所稱之馬來亞，幾全歸其掌握矣。此外在諸番誌中提及之單馬令，宋史中所說之丹眉流，均係 Tembralinga 之對音，其地固在馬來半島，但今為暹羅之屬土矣。（考單馬令即係 Nagara Sridharmaraja 或稱李格（Ligor）之首都，十九世紀之初，李格酋長，為吉打、吉蘭丹及丁加奴等之宗主權問題，屢與英國交涉。讀者欲知其詳，可查拙譯英暹在馬來半島之關係一文。又李格今名 Nakaum Sritamarat，暹羅國家鐵道可達）又諸番誌中所稱之吉陀，亦卽吉打，此固顯而易見者也。

元代窮兵黷武，國祚不長。世祖因爪哇黥使臣孟琪之面，曾遣將三人，率兵二萬，發舟千艘，給糧一年，遠征爪哇，結果毫無成績，掃興而返。元兵去後，爪哇卽建立滿者伯夷（Majapahit）帝國，百年之間，國勢大盛，蘇門答臘及馬來半島一部與馬來羣島東部諸地，悉被征服。故元之遠征，直接似與馬來亞無關係，但間接竟引起爪哇有統治馬來亞之野心矣。元時有汪大淵者，爲一有膽量有見識之商人，時常附舶浮海經商各國，於一三四九年著夷島志略一書行世。其有涉及馬來亞者，如彭坑之卽爲彭亨，丁家廬之卽爲丁加奴，皆顯而易見者也。惟在關於單馬錫（Tumasik）之記載，最饒興趣，有一述之必要焉。彼謂：門（指龍牙門，卽今日之 Lingga 島及 Lingga 峽）以單馬錫番兩山相交，狀若神龍之齒，門中有水道以間之。（R. O. Winstedt 謂如今日新加坡之克伯爾海口（Keppel Harbour））氣候沃暖多雨，地瘠民貧，稻田極少，其惟一之出產，卽從泉州商人刼來之贓物。當中國商舶越此地而西航時，居民任其自由通過，並不爲難，但當商舶同航而至克里魔島（Kerimun，

（在新加坡西南，）則船中商人必須作抵抗火箭之種種預備，蓋常有賊船兩三百隻，前來進攻搶刧也。若僥倖順風，或可不遇，否則人爲所戮，貨爲所有，而人死係乎頃刻之間耳。古時此地酋長，於掘地時獲一飾有寶石之冠冕，於是每逢第一月之第一日，必盛裝豔服，戴冠而坐，接受人民之祝賀，今亦遞相傳授，賜之後酋矣。此地居民中之大部份，均束髮成髻，身穿短窄之布衣，外圍綠色之紗籠。華人與土人雜居，至爲和睦。以上皆汪大淵所言之大意也。然則單馬錫究爲今之何地乎？則已成爲世界上第九之大商埠，而爲英國在遠東軍事上最重要之新加坡焉。

明初中國與馬來亞之關係，至爲密切，彭亨、吉蘭丹均相繼稱臣納貢，其最要者，即爲鄭和之七次下西洋（即今日南洋及印度洋）及馬六甲各王之詣闕進貢是也。茲分述之：

鄭和第一次奉使出洋在永樂三年（紀元一四〇五年），將士卒二萬七千八百餘人，分載奇大之海舶六十二艘，自太倉之劉家港泛海至福建，復自閩江江口揚帆，首達安南之歸仁，以欲徧經馬六甲，阿魯（Aru），巴襄（Pasai）（在蘇門答臘北端）諸國，直至印度之古里（Calicut）而回。在巨港爲僑民除害，擒海盜陳祖義，獻俘戮於都市。此次鄭和出使之期，約歷兩年三月永樂五年二次奉使，所經之國爲爪哇、暹羅、古里等，至七年而回。同年爲第三次之奉使，歷安南、爪哇、馬六甲、巴袞、錫蘭、古里等國，至錫蘭國時，其王亞烈苦奈兒負固不恭，謀害舟師，鄭和設計擒之。至九年歸獻，仁祖憐而恩宥，俾還本國。永樂十一年鄭和四次出洋，賚勅往賜安南、爪哇、馬六甲、彭亨、吉蘭丹、阿魯、巴袞、古里、忽魯謨斯等諸國王錦綺紗羅綵絹等物。在巴袞國擒僞王蘇幹剌，至十三年歸獻。永樂十五年冬，馬六甲、古里等十九國，咸遣使朝貢，辭還，復命鄭和等偕往，賜其君長，至十七年秋返京。永樂十九年，鄭和統領舟師，作第六次之奉使，其時南洋、印度等各國之進貢使臣，久待京師者，悉偕鄭和同行，各還本國，於是各國國王益修職貢，視前有加。仁祖晏駕，宣宗卽位。宣德六年鄭和爲最後一次之出洋，歷安南、爪哇、巨港、馬六甲、巴袞、錫蘭、古里、忽魯謨斯等十七國而返。以上爲鄭三保七次下西洋之大略，惟吾人所宜注意者，馬來亞之馬六甲爲鄭和必經之地是也。

馬六甲舊名五嶼（馬六甲沿岸雖不只五嶼，但最顯著者祇有五島，於此足見此名之確實。）於十四世紀時尚未成其爲國也。自約一三七　年，滿者伯夷滅巨港，兼彭亨，併新加坡（考新加坡梵名 Singapura。Singa 之義爲獅，Pura 之義爲城爲門，而獅爲獸中之王，故意卽王者之城或門也。其名似爲紀念滿者伯夷之勝利而定。昔人對新加坡一名頗多誤解，故特附記於此。）而後，該三處之人民，咸以馬六甲爲避難之勝地，於是人口激增，商賈輻輳，蔚然成一國家之雛型焉。永樂元年（紀元一四〇三年，）吾國遣中官尹慶使其地，賜以織金文綺銷金帳幔諸物，其地無王，亦不稱國，服屬暹羅，歲輸金四十兩爲賦。尹慶既至，其酋拜里迷蘇剌大喜。永樂三年，酋即遣使奉金葉表朝貢吾國，仁祖即詔封馬六甲爲國，拜里迷蘇剌爲王，并給印誥。自是而後，馬六甲始成爲正式之國家矣。永樂五年六年，馬六甲王一再遣使入貢。至永樂九年，拜里迷蘇剌親率妻子陪臣五百四十餘人來朝吾國，誠盛事也。永樂十年，馬六甲王姪入謝，旋又入貢。永樂十二年，王子母幹撒干的兒沙（Mohammad Iskandar Shah）來朝，告其父訃，即命襲封。永樂十七年，馬六甲王率妻子陪臣入朝謝恩，並訴暹羅見侵，仁祖下詔戒諭暹羅。永樂二十二年，王子西里麻哈剌（Sri Maharaja）以父歿嗣位，率妻子陪臣來朝。宣宗宣德六年（西歷一四三一年）馬六甲遣使入訴暹羅見侵，阻礙貢道。宣德八年，馬六甲王再率妻子陪臣來朝，抵南京，天已寒，宣宗命俟春和北上。英宗正統十年（西歷一四四五年）馬六甲使臣請勅封其王子息力八密息瓦兒丢八沙（Sri Parameswara Dewa

Shah）爲王，其實此人非西里麻哈剌之長子，在位二年卽遭暗殺。代宗景泰六年（一四五五年，）速魯檀無答佛哪沙（Sultan Muzaffar Shah）貢馬及方物，并請封爲王。蓋此係西里麻哈剌之長子也。英宗天順三年（一四五九年，）王子蘇丹芒速沙（Sultan Mansur Shah）遣使入貢請封。憲宗成化十年（一四七四年，）馬六甲入貢。其時之王，當爲蘇丹阿老瓦丁沙（S. Alauddin Riayat Shah）矣。惟明史失載，特依溫士德（Winstedt）所著之馬來亞史補入。成化十七年，安南劫馬六甲貢使，貢使至闕訟之。詔勅責安南，並遣官册封馬哈木沙（S. Mohmud）爲王。武宗正德三年（一五〇八年，）使臣端亞智（Tuan Haji）等入貢。至廣東而端亞智爲其同伴所殺。日後葡萄牙人侵馬六甲，馬哈木沙卽稱王於柔佛、廖內、金保（Kampar）（在蘇門答臘）等地，而馬六甲朝貢吾國之事遂絕。又據明史，彭亨於洪武十一年（一三七八年，）其王麻哈剌惹荅饒（Maharaja Tajau）遣使齎金葉表，貢番奴六人及方物。永樂九年（一四一一年，）王巴剌密瑣剌達羅息泥亦遣使入貢。十二年及十四年又一再進貢。吉蘭丹王麻哈剌查苦馬兒，亦於永樂九年遣使朝貢。故明代吾國與馬來亞之關係，實至親至密也。吾人一察已往而思及現在與將來，定與無窮之感

(二)歐風東漸時代之馬來亞

十六世紀以前，馬來亞受別國文化之影響最深者：一曰印度，二曰中國，三曰大食。蘇門答臘之三佛齊，馬來亞之吉打，在晉唐之世，皆爲極盛之佛教國也。故吾國僧人之南遊者必於此卓錫矣。後印度回教勃興，遂輸入回教以代佛教，至今馬來亞之馬來人，盡爲穆罕默德之信徒，職是故耳。中國與馬來亞之交通雖起源甚古，惟國人之南遊者或志在經商，或宣揚國威，捨此而外別無其他目的，故對於馬來民族之感化反不若印度之深刻，殊爲遺憾。十六世紀之初爲馬來亞轉變之一大時代，蓋自是以後，將漸入歐人之統治時代矣。茲略述之。

一五〇九年，有葡萄牙人薛魁羅(Sequeira)者，率船四艘泊於馬六甲之海濱。因馬來人從未見過歐人，遂誤認葡人爲白色之孟加里人矣。薛魁羅既蒞斯土，立即要求蘇丹馬哈木沙准葡萄牙與其通商。惟因葡人不諳巫人禮節，遂起紛爭，竟至惡戰。葡人以衆寡懸殊，不敵而走。葡王以薛魁羅之敗於馬來人也，認爲大辱，志圖報復，遂另遣巨船三艘航至印度，蓋其時葡人已在卧亞（Goa）建有海軍根據地，而即由覆滅馬六甲之亞伯奎（d'Albuquerque）任卧亞之總督也。亞伯奎既受命葡王，遂於一五一一年五月二日率戰船十九艘，葡兵八百，印兵六百，浩浩蕩蕩，離卧亞而駛，同年七月一日即抵馬六甲港口。亞氏既到，蘇丹大恐，先之以道歉，繼之以懲罰肇禍人員，惟對於上次被俘之葡人，應否釋放，猶豫不決。亞氏不能久待，鳴槍挑釁，於是蘇丹立將俘虜，盡行釋放，亞氏之慾猶未滿也，再向蘇丹要求賠款，蘇丹無法應命，戰爭頓啓。其時彭亨王子與蘇丹之女在甲舉行婚禮，即會同蘇丹之子阿末（Ahmad）海軍大將哈三（Hasan）分統大軍（其時馬六甲有可戰之兵二萬人，戰象二十頭，軍火無數。）迎頭抗敵，激戰兩日，葡軍不能深入。迨至第三日，葡軍乘潮漲之際，悉數登岸，鬭攻要塞，終以巫人不明戰術，全體瓦解，彭亨王子扶新婦遄歸故里，蘇丹逃入叢林，而阿末與哈三退往百谷（Pagoh）（近麻坡）於是盛極一時之馬六甲，遂陷入葡人之手矣。

葡人既得馬六甲，獲物無算，舉其要者，有珍奇之釧一對，銅質之獅六匹，更有鑲以寶石之象輪，飾有金葉之高車，砲三千尊，其中二千尊概係銅製。吾人觀此，可見馬六甲當時之繁榮矣。葡人欲以馬六甲為各國通商之樞紐，海軍之根據地，故對於一切居民不加虐待，極盡懷柔之道，因此全市人民，幾均不知葡人為彼等之主宰也。稍後，葡軍四百得爪哇人六百緬甸人三百之協助，將王子阿末逐去百谷，阿末即避入叢林，偕其父逃至彭亨，繼遷居廖內，阿末即任哥吧（Kopak）之主，其父妒之，阿末遂死。蘇丹麻哈木沙乃以次子麻司都法（Mustapha）為其承繼人，未幾，父子之間，不能融洽，麻司都法遂遠走暹羅。於是蘇丹以幼子阿里（Ali）為其繼嗣矣。一五二六年，葡人進攻哥吧，焚其村舍，有若干馬來人，奮不顧身，忠勇善戰，盡護衛蘇丹之責，而馬哈木沙即乘機避往蘇門答臘之金保，即在該地稱王。至一五三〇年，此曾入貢於吾國之蘇丹，遂與世長辭矣。阿里繼位未久，即捨金保，而至彭亨，繼往柔佛，擇拉嗎（Johor Lama）為首邑，阿里即榮任為柔佛之第一任蘇丹。葡人探知，認係禍根，於是柔佛河內時起惡戰。一五六四年，阿里為來自蘇門答臘之亞齊人所弒，故葡人進攻亦暫停止。繼阿里之位者為麻司都法第二，不久即被葡人將其逐去於拉嗎之外，而彼則另擇一地，建立砲壘，與葡人對抗。未幾麻司都法第二死，闍里沙（Abdul Jalil Shah）即位。彼在位時期，屢抗葡人，有時竟使葡人有難以應付之概。一五九七年闍里沙死，阿老丁第三繼位，其時葡人在馬六甲之勢力已逐漸消失，而將由荷蘭人起而代之矣。

荷蘭亦一著名之航海國也。一六〇二年卽隨英國之後創設東印度公司，其目的咸集中於爪哇及其他馬來羣島之香料貿易，對於今日之所謂馬來亞，固未嘗垂涎也。阿老丁第三本為一荒淫昏瞶之君主，彼為柔佛之蘇丹後，卽與葡人訂和平之約。其弟阿都拉(Abdullah)則異趣，彼一欲發展柔佛之商務，二欲驅葡人於國門之外。當一六〇二年，有一荷蘭商船駛赴爪哇，道經柔佛之際，彼同意於荷人之設立商館矣。葡人知悉，怒火頓起，思有以痛懲柔佛之居民，惟以荷人之強，一時未敢輕舉妄動，柔佛安全，始得暫保。於是阿都拉請求荷蘭，與柔佛訂約。一六〇六年，荷蘭艦隊麕集柔佛，荷將告阿都拉曰，若馬來人能助荷攻葡奪取馬六甲者，則荷蘭願與柔佛締約。其時阿都拉並非蘇丹，不敢應允。後幾度磋商，約仍訂立。約中大意，謂馬來人當助荷人奪取馬六甲，而荷人則以馬六甲市以外之土地悉還蘇丹云。不幸荷、葡戰爭之結果，竟荷敗而葡勝，馬六甲仍在葡人之手。越年，荷艦再至，則柔佛蘇丹陰與葡人聯合，已將荷蘭在柔佛之商館撤銷矣。荷人雖怒，但不欲與柔佛發生衝突，遂另訂新約，准荷人在柔佛建一要塞，駐艦兩艘，以助馬來人抵抗葡人。但荷將一去，而蘇丹之心即變，又與葡人重溫和好之夢矣。一六一三年亞齊人三萬襲擊柔佛，蘇丹首領均被拘禁，約一年始獲釋放。嗣後亞齊人進攻馬六甲，要求柔佛相助，阿老丁口允心違，致觸亞齊人之大怒，遂再度拘禁處以死刑。後阿都拉即爲柔佛之蘇丹，終以亞齊人之兇暴，及不得荷蘭人之助力，抑鬱而死。一六三七年，闍里第三登位，稱爲彭亨、柔佛之王，重與荷蘭締約，合抗葡人，並允荷人在柔佛境內建一堅強之砲台。自是而後，荷蘭在馬來亞之勢力日趨鞏固，凡通過於馬六甲海峽之船隻，已可控制，故於一六三九年荷蘭各艦長集會之時，竟敢預定某人爲馬六甲未來之長官矣。一六四〇年五月，荷軍進攻馬六甲之要塞，封鎖馬六甲之港口。七月底柔佛更遣兵一千五百名，戰船四十艘，協助圍擊。八月二日荷軍在東圭蚋（Tranquera）（現爲馬六甲街名）之北登岸，擊敗葡軍數百名，聖保羅山上之砲聲響徹雲霄，棄屋而遁之市民，幾達一萬。至十二月，被圍之葡軍發生疫癘，於是全軍解體，不戰而潰。荷人得天之助，已完全勝利矣。時在一六四一年之正月十四日也。據荷人估計，其時馬六甲已有居民二萬，戰爭之結果，死亡七千，迨荷人佔有馬六甲時，調查居民祇三千而已。

荷人既得馬六甲，即謀所以持久發展之道，不若葡人之得一彈丸之地，即沾沾自喜也。荷人之所需者爲貿易，貿易之所需者爲維持各地之和平，欲達和平之目的，不得不採用懷柔兼武力之政策。故荷人一方面籠絡酋長，好言撫慰，一方面排除異己，從事討伐。一六四五年，荷人遣軍三百五十名征南寧（Naning），林茂（Rembau）（現均在森美蘭境內），焚村舍，毀果園，摧禾穀，並要索供應而還。次年更遣膺懲之師五百七十名，卒致上述兩部落舉降旗，訂條款，事遂平息（讀者欲知其詳，請看拙譯南寧戰紀）。雪蘭莪、森美蘭、霹靂以及吉打均爲馬來亞著名產錫之區，荷人聞之熟矣。一六四九年從各地運至馬六甲之錫共有七十七萬磅，其中大部來自霹靂。惟其時霹靂之錫，概操於亞齊之手，荷人遂與亞齊訂約，劃去一部份歸荷人專利，其他歐人與印度人，一概不准染指。霹靂馬來人認荷人之壟斷殊非公允，致將荷人所建之熔錫廠一再擊毀。直至一七六〇年，荷人在丹絨普闐（Tanjong Putus）設立熔錫廠後，始獲安全，而霹靂之秩序，亦漸臻佳境。至一七七〇年，霹靂與荷蘭之貿易逐漸增加，人民均能安居樂業，結果遂產生正式之法庭，與完備之政府。

十七十八世紀之間，馬來亞更受亞齊人與武吉斯人（Bugis）之騷擾。從一六〇〇至一六五一年間，馬來亞除馬六甲外，餘悉受亞齊人之支配，葡人亦常遭亞齊人之進攻，惟終爲葡人所擊潰耳。武吉斯人來自西里伯，自一七〇〇至一八〇〇年間，彼等實爲馬來亞之主宰。柔佛雖有蘇丹，而仰武吉斯人之鼻息，雪蘭莪之蘇丹即係武吉斯人。彼等在霹靂則有殖民地，吉打、玻璃市、丁加奴均被彼等征服。惟武吉斯人進攻荷人，終無成效，於此足見歐人之威力勝於亞齊人及武吉斯人遠矣。

一七八六年以前，英人之腦海中絕無馬來亞之觀念也。雖蘭開斯忒（Lancaster）於一五九一年曾泊檳城，但未垂青睞。雖德雷克（Drake）於一五七九年途經馬六甲海峽，但亦未行相見之禮。一六〇〇年倫敦創設東印度公司，其目的在蒐求爪哇與蘇門答臘之香料，對於馬來亞始終未接觸也。一七六五年有東印度公司之雇員名拉愛脫（Light）者，籌謀印度與吉打通商之道，遂履斯土。其時吉打適遭武吉斯人與暹羅人之兩面夾攻，正陷水深火熱之中，急需外援。拉氏爲一聰明精幹之人物，深知吉打蘇丹內心之痛苦，遂一方面請求公司加以聲援，一方面要求吉打將檳榔嶼租與英國作爲英船避風之所。經十五年之往返磋商，拉氏始於一七八六年之七月十七日在檳榔嶼舉英國之旗矣。惟公司對於援助吉打之態度，始終曖昧，蘇丹不能忍，擬用武力奪回該島，拉氏擊破之。一七九〇年，公司乃以六千元之代價付給蘇丹，檳榔嶼遂由租借而正式成爲英國之屬地。一八〇〇年，英人再以四千元之代價，獲得檳城對岸之威斯來區。一七九二年，歐洲以英國爲領導與法國大戰，英人以荷蘭之袒法也，遂於一七九五年奪佔馬六甲，惟允於歐戰結束之後重歸荷人。一八〇二年，歐洲宣告和平，英人不爽前約，將馬六甲退還荷蘭統治。一八〇五年英、法再戰，英人再取馬六甲。其時英人以在檳榔嶼獲有相當之基礎，擬將馬六甲放棄。一八〇八年雷佛士上疏申說此地有保留之必要，放棄之念遂止。一八一八年，馬六甲再由荷人治理。後六年即一八二四年，英人以蘇島之萬古侖與荷人之馬六甲交換，迄至今日，馬六甲仍在英人統治之下矣。雷佛士爲一深謀遠慮目光銳利之偉人，彼認英人之佔有檳榔嶼殊不足發展英國將來對遠東之商務，於是遨遊各島，探求適宜之地。於柔佛之南，有一新加坡島矣，此地於四百五十年前雖有光榮之歷史，而雷佛士於一八一九年發見之時，實爲一荒蕪滿目，荊棘遍地之死島，同時且爲漁民海盜之淵藪，在常人視之，固殊無一顧之價值者也。獨雷佛士認此島有無限之前程，遂與柔佛當局訂割讓之約。雷氏既獲此島，即約法三章以爲英人治理之軌範。其法維何？一曰闢新島爲自由口岸，二曰嚴禁賭博，三曰振興教育是也。故新加坡得有今日之繁榮，實於一百二十年前已奠定其基礎矣。英國既獲檳榔嶼、馬六甲、新加坡，遂稱之曰海峽殖民地，歸印度英政府管轄。至一八六七年始脫離印度，而直轄於英國之理藩部。換言之，即成爲如香港、錫蘭等之皇家殖民地是也。

霹靂爲產錫之區，前已言之。吾僑胞之慕其利也，紛紛前往。如拿律（Larut）一區之錫鑛，咸盡歸吾人之掌握，可謂盛矣。在昔僑胞每以地域之不同，時有黨派之組織。一千八百五六十年之頃，在拿律採鑛之僑胞已達四萬，概分隸於兩大組織之下：一曰義興公司，閩籍四縣人之所屬也。二曰海山公司，客籍五縣人之所屬也。兩黨之間，時有摩擦，無可諱言。至一八六二年，即發生衝突，日後更引起大戰，十餘年間，相持不決。而馬來人與馬來人間，亦常舉行私鬬，以致霹靂秩序紛然大亂，人民生活備受威脅。於是英人改變方針，出而干涉。一八七四年正月二十日，英政府邀集僑胞領袖及馬來酋長開會於邦哥島（Pangkor）上，締結和平之約。同時更委一英人爲霹靂之駐劄官，於是霹靂始由無政府狀態而漸入正軌矣。雪蘭莪於十九世紀之初曾裂爲五部，每部各有一自主之酋長。此五酋長者，不但不能和衷共濟，而且時相征伐，數十年間，百事不舉。於是英人先用調和之方式，毫無效果，繼取干涉之態度，始克有成。遂於一八七四年之二月，英政府亦派一駐劄官坐鎮雪蘭莪境内。森美蘭係由九小部落聯合而成，其居民大都為明那加保（Menangkabau）之後裔也。英人既以霹靂與雪蘭莪置於肘腋之下，遂立即進行森美蘭之整理。一八七四年四月二十一日，先將寧宜河（Linggi）歸英政府管轄，同年八月即派員鎮攝。一八八八年二月，有英籍僑生名吳興者，因彭亨蘇丹之唆使，致被人暗殺。英政府以事出非常，恐遺患無窮，即於同年八月八日因蘇丹之請求，亦在彭亨設官監護。迨至一八九五年，霹靂、雪蘭莪、森美蘭、彭亨四州，由英政府之指導，得各蘇丹之同意，合組為馬來聯邦。自是而後，胥受英國國旗之保護矣。

十九世紀之初，吉打、吉蘭丹、丁加奴三州，繼續受暹羅之威脅壓迫。英政府以事關馬來亞之前途至鉅，遂一再派遣使臣，親蒞曼谷與白象之主，為委曲求全之商討，為不屈不撓之折衝，往返磋商，幾達百年之久。迄至一九〇九年，暹羅始允撤銷宗主權，將上述三州歸英國保護矣。至玻璃市本為吉打之一部，於一八二一年時，受暹羅之慫恿，始脫離吉打而獨立。於一九〇九年時，亦由英暹條約之規定，解除暹羅之羈絆。柔佛於一九一[illegible]年始由英政府設官駐劄，並聘英人為顧問。蓋亦接受英國之保護矣。此上述之吉打、吉蘭丹、丁加奴、玻璃市與柔佛，即世人所稱之馬來屬邦也。

（三）今日之馬來亞

合上述之海峽殖民地（包括可可群島、聖誕島、納閩島），馬來聯邦及馬來屬邦，總稱曰英屬馬來亞。其南北最長處計五百英里，東西最闊處達二百英里，海岸線共長一千二百英里，總面積爲五萬二千五百方英里，比吾國之福建省約大六千方英里。全境崗巒起伏，河流縱橫，有一大山脈逶延曲折，自北而南，有如脊骨。霹靂、雪蘭莪、森美蘭三州居其西，彭亨、吉蘭丹二州位於東，馬來亞有此山脈，不但構成東西兩部之天然界限，而且形成一大分水嶺。西面之水，盡注於馬六甲海峽，東面之水則流入中國海內。全境最高之山有二：一爲位於彭亨北境之大漢山（Gunong Tahan），高七一八六呎，二爲位於霹靂東隅之葛保山（Gunong Korbou）高七一六〇呎，此外尚有高達七千呎之山三座。最大之河流亦有二：一曰霹靂河，長一百七十英里，二曰彭亨河，長與霹靂河相埒，至全境交通，猶稱便利，窮鄉僻壤均有公路可達。據最近調查，馬來亞共有公路七千八百英里。鐵道幹線有二，支線有十一，從新加 至巴登比利（Padang Besar）（馬暹邊界）者曰馬來聯邦鐵道，從金馬士至道北者曰東岸鐵道。太平至砵衛，怡保至端洛，打巴至安順，轟埠至馬登咽底（Batang Berjuntai），吉隆坡至雪蘭莪港口，至巴生港口，至暗邦，至石岩（Batu Cave），芙蓉至波德申，淡邊至馬六甲，馬口至瓜拉比勝之鐵道，皆支線也。至全境鐵道之長，約為一千二百英里。對外交通，亦無遠勿屆。凡航行於歐、亞間之巨輪，新加坡為必經之地。荷屬東印度羣島與馬來亞間，亦有定期之輪運，往來如織。近更開闢空航，交通尤為迅速。英國皇家航空公司及荷蘭皇家航空公司，每星期各經新加坡及檳城三次。又有溫氏馬來亞航空公司（Wearnes Air Services）則逐日往返於新加坡、吉隆坡、怡保、檳城之間。故就交通方面言，馬來亞確已成為二十世紀之馬來亞矣。全境名勝，則檳城有富麗堂皇之極樂寺，太平有娟秀澄潔之太平湖，吉隆坡有僅次於孟買之大火車站，馬六甲有可供憑弔之古蹟，柔佛與新加坡間則有長堤，而金馬崙高原（Cameron Highlands）則為養身納涼之勝地，不耐溽暑之富商，時有往焉。

馬來亞之三大部份，就政治方面言之，似各獨立，但外交之權，悉操海峽政府之手，聯邦與屬邦概不與焉。新加坡為海峽殖民地之首府，重要機關咸萃於此，有立法會議，計有議員二十六名，官吏與非官吏之議員各佔半數。有行政會議，計有議員九名，官吏議員七人，非官吏議員祇二人。此兩會之主席，則由代表英皇行使政權之總督任之。司法方面則有高等法院（新建之署極其宏麗）地方法庭，違警法庭及驗屍庭四種。其所用之法律，計分兩類：一爲一八二六年十一月二十六日英國所通過法律之適合於當地情況者，二爲當地立法會議通過而經英皇批准者。軍政方面，分爲陸海空三部，各部各有司令，而以總司令官總其成。新加坡落成未久之軍港，爲東方之冠。軍用飛機場遍佈各地。此外各州更有義勇軍及武裝警隊，如有戰事，均可徵用。檳城及馬六甲各設鎮守使一人，處理各該區之政務。此外有華民政務司者，則專爲處理馬來亞之華僑事務而設。而提學司之權力，亦可遍及馬來亞全境。吉隆坡爲馬來聯邦之首府，行政機關亦林立矣。政治之最高機構，則爲聯邦會議。會議中之議員，則爲聯邦總監或代表聯邦祕書長，聯邦各蘇丹，各顧問官，總醫官，勞工局長，建設局長，提學司，稅務司及經英皇與聯邦總監認可之非官吏議員十二人組織之。聯邦會議之職權，在制定聯邦法律。海峽殖民地之總督，爲馬來聯邦之總監。馬來聯邦之最高官吏則爲聯邦政府之英祕書長。又各邦亦各有其獨立之會議，以處理各邦自身之政務，範圍小權力狹，無敍述之必要焉。至馬來屬邦則各自爲政，不相統屬，各邦各有蘇丹爲最高之統治者，另輔以英參政司或英顧問。各邦會議，則亦由官吏議員及非官吏議員合組而成。惟海峽殖民地之總督，亦爲馬來屬邦之總監，故各邦內若有重大之變更，仍須請求總督之允許焉。

馬來亞原始之居民僅有四種：一曰尼格利都人，二曰沙蓋人，三曰雅貢人（Jakun），或稱原始馬來人，四曰已開化之馬來人。後交通漸便，政治修明，外來民族繼長增高。於是馬來亞竟有人種博覽會之稱矣。據一九三一年之人口調查報告（Census Report），馬來亞之總人口共爲四、三八五、三四六人，其中華僑竟佔一、七〇九、三九二人。計海峽殖民地有華僑六六三、五一八人，馬來聯邦有華僑七一一、五四〇人，馬來屬邦有華僑三三〇、八五七人，附屬於海峽殖民地之其他各島有華僑三、四七七人。至馬來亞之馬來人，亦不過一、九六二、〇二一人而已。查我僑胞南渡之歷史甚長，而人口有正確之統計，則始於十九世紀之初。茲以海峽殖民地僑胞增加之趨勢，略敍述矣：一八二〇年新加坡有僑胞三千，後十年增至六、五五五人，再後十年增至一七、一七九人，至一八六〇年，已增至五〇、〇四三人，然則一九三一年時旅新之僑胞究有多少？則據精確之統計已達四二一、八二一人，已約為七十年前之八倍有奇矣。檳城於一八一八年時有僑胞七、八五八人，後二年增至八、九六三人，後十二年增至九、七一五人，九年後增至一五、四五七人，一八六〇年則為二八、〇一八人。而一九三一年檳城之華僑則有一七六、五一八人，其增加率約為七十年前之七倍。馬六甲於一八六〇年時有華僑一〇、〇三九人，一九三一年時則有六五、一七九人，則約為七十年前之六倍有奇矣。總之：馬來亞之僑胞年有增加，是以英政府於一九三二年之正月實施限制之令矣。但英人與吾華人之對於馬來亞也，均有永垂不朽之功績，無英人，馬來亞之秩序無由安定，馬來亞之建設無由規劃，但無華人，則馬來亞之富源無由開發，馬來亞之繁榮亦無由實現。故吾謂英人與華人其間息息相關之義，實深而且遠也。

錫與橡膠為馬來亞之兩大實業，有略為敍述之必要焉。馬來聯邦為產錫最富之區，世界著名。據精確之統計，一九二三年時馬來亞共產錫三九、三七〇噸，至一九二九年一躍而為六九、三六六噸。一九三三年國際錫產限制委員會 (International Tin Committee) 規定全世界之產額為八四、六七三噸，而馬來亞之產額則佔二三、九二六噸。一九三四年規定全世界之產額為一〇七、七〇六噸，而馬來亞竟佔三六、三八五噸。故馬來亞之錫產常佔國際產量之三分之一，而玻利維亞（Bolivia）與荷蘭東印度羣島之錫產，均有望塵莫及之慨也。馬來亞可耕之土地約有六百萬英畝，已從事種植者約有五百萬英畝，其中三百二十八萬英畝完全種植橡樹，故馬來亞橡膠之生產量竟佔全世界產額之半而有餘。茲以國際橡膠產量限制委員會（International Rubber Regulation Committee）於一九三四年五月七日規定馬來亞與荷蘭東印度橡膠產額之比例示之於下，以備參考：

一九三四年	馬來亞產五[illegible]四、[illegible]噸	荷印產三五[illegible]、[illegible]〇噸
一九三五年	五三八、[illegible]噸	四[illegible]、[illegible]噸
一九三六年	五六[illegible]、[illegible]噸	五[illegible]、[illegible]〇噸
一九三七年	五八九、[illegible]噸	五三〇、[illegible]噸
一九三八年	六[illegible]、[illegible]噸	五四〇、〇〇〇噸

此外椰子與油棕（Oil Palm）年來產量亦逐漸增加，惟不若前二者之重要耳。馬來亞之賦稅收

人亦逐年俱進。一九〇一年海峽殖民地之歲入爲七十萬鎊，後十年爲一、三三一、〇七五鎊，至一九二九年竟達六、四〇三、六三四鎊。一九三三年世界不景氣，減至三、六八四、九三三鎊。馬來聯邦於一八九七年之歲入爲八二五千鎊，至一九二〇年，即達八、四三二、三三三鎊，一九二七年爲最高峯，竟達一二、二九七、一八七鎊，一九三三年減爲五百五十萬鎊。惟近幾年來世界不景氣之潮流已風消雲散，膠錫之價亦漸上漲，則其稅收之增加定可斷言也。

沿霹靂之西岸有一狹長之地帶合附近此地帶之若干小島總稱曰天定(Dindings)，其總面積共一八三平方英里，於一八二六年得霹靂蘇丹之允許，割讓與東印度公司，故本爲海峽殖民地之一部也。據一九三一年之調查，天定共有人口一九、五九二人，其中華僑佔七、〇〇八人。英國理藩部祕書長 Philip Cunliffe-Lister 以馬來蘇丹之效忠於大英帝國，表示應以天定還其治理，以酬其恩。此提案竟通過於一九三四年十一月一日之英國國會，遂於一九三五年二月十六日正式移交霹靂蘇丹，則以八六、八五〇元付給海峽政府，以爲補償英人在天定建築官署架造橋梁，開闢公路等之損失。故今日之天定已懸霹靂之州旗，而代替英國之國徽矣。總上所言，爲馬來亞最近之梗概。

英人之治理馬來亞也，無葡人之貪汚，而有廉潔之吏治，無荷人之偏窄，而有雍容之度量。得一地也，不憑藉多量之武力而運用政治之手腕。曰聯邦矣，邦各有主，曰屬邦矣，邦仍有王。施之者煞費苦心，始能使其就範。受之者欣然色喜，猶自以爲一邦之長也。至於治理一切民衆，則各隨其俗。不創新奇之宗教強人信仰，不立特殊之藝術勸人研究。融融洩洩各治其事，各謀其業。故馬來亞雖鮮特出之奇才，而終多守法之公民。英人治理殖民地之政策，舉世無與其匹，誠非虛語也。

（四）馬來亞統計表十四種

下列之各種統計表，係根據居留政府最近發表之公報，茲特詳細分類，錄示於後，以供參考。

（一）馬來亞人口統計表（一九三八年六月三十日公佈）

地名	馬來人	歐人	歐亞雜種人	華人	印度人	其他	總計
新加坡	七二、五六九	一三、三二一	七、七五五	五四六、〇九九	六〇、四五七	九、九六六	七一〇、〇三七

檳城	四〇、七六五	二、〇五四	二、二三六	一三六、二七一	三二、八一五	一、八〇八	一二五、九六九
威斯來區	七五、一〇〇	三三〇	一九一	五八、二二三	一六、九九六	五四七	一六二、五五六
馬六甲	一〇六、八七一	四九六	二、三二四	八五、三四二	一六、五三三	六四六	二一三、九九一
納閩島	五、二二四	三二	四五	三、〇五五	一四五	五九	八、五六七
聖誕島	二六	三〇	—	一、〇八七	七〇	—	一、二一三
可可羣島	一、〇八七	三三	—	二九	三三	—	一、一四二
海峽殖民地總數	三〇一、八五二	一五、一六五	三、六四一	八五二、〇八三	一五〇、七七八	三一、〇二六	一、三五四、五四五
霹靂	三二五、四七二	三、四九六	一、四八五	四一六、〇六九	一九六、七二二	五、三二五	九五八、四二一
雪蘭莪	一四二、六〇一	四、一九三	二、四八一	三二一、二四二	一九二、六六八	七、八〇三	六六一、一〇八
森美蘭	九九、九〇七	一、二三〇	八〇三	一二六、八二一	五九、八二九	二、五一九	二八一、〇六九
彭亨	一三三、八七四	三五九	一六五	六七、一一四	一七、二六三	一、一六六	二〇九、二二七
馬來聯邦總數	六九〇、七七五	九、四四八	四、九三二	九二一、一九六	四六六、七〇二	一六、八一三	二、〇八九、八六五
柔佛	二七五、三六五	一、〇四二	三三四	二六一、四四九	五九、〇九七	三、八九九	六一九、五〇六
吉打	三二四、二三五	五七八	一三三	一〇〇、二五四	六一、三三三	一三、四二二	四九九、八三四

吉蘭丹	三五六、九八二	一七五	三五五	一三、〇〇一	七、八四〇	七、二四四	三九四、二七九
丁加奴	一八一、七六三	四五	一五	一五、八七六	一、四六一	六一六	一九九、七七六
玻璃市	四三、三三五	三	一〇	七、六九九	一、一〇六	一、九三八	五四、九四四
渤泥	三〇、三二八	九七	一六九	四、七九六	二五七	一四〇	三六、二七〇
馬來屬邦總數	一、一二〇、六四八	一、九四〇	三七三	四三三、三七七	一三一、一〇四	三七、八八八	一、八〇四、三七九
馬來亞總數	二、一九三、二五九	三六、五六九	一八、一四四	二、一九五、六五六	七四八、六〇四	三六、六六七	五、二二八、八九九

（2）馬來亞人口生死統計表（一九三八年六月三十日公佈）

馬來人生	四四、五五九名	死	二二、三九八名	印度人生	一一、〇四六名	死	七、四〇〇名	歐人生	一〇六名	死	五二名
華人生	四六、〇四四名	死	二三、六五五名	歐亞人生	二三六名	死	八六名	其他生	一、三四四名	死	三〇七名
統計生一〇三、五三五名		死五三、九六七名		生超過死四九、五六八名							

（3）學校及學生統計表（普通學校）

（甲）海峽殖民地

類別	一九三六年	一九三七年
英文學校	一二五	一四四
巫文學校	二一七	二三〇
印文學校	六二	六六
華文學校	四四〇	四七七
總計	八四四	九一七
學額	八八、二九四名	九三、一四五名

（乙）馬來聯邦

類別	一九三六年	一九三七年
英文學校	一三三	一三四
巫文學校	五五四	五六四
印文學校	三九九	四八六
華文學校	四二〇	四五六

總計	一、五〇六	一、六四〇
學額	一一六、二七五名	一二四、三八〇名

（丙）馬來屬邦

類別	一九三六年	一九三七年
英文學校	二六	二七
巫文學校	三四四	三六三
印文學校	八[illegible]	一〇〇
華文學校	二三三	二五六
學額	六〇、二[illegible]三名	七三、五一五名

（註：吉打華校並不列入，應請注意）

馬來亞除上述之普通學校外，在新加坡尚有雷佛士大學（一九三七年共有男生一三[illegible]名，女生二六名），愛德華第七醫學專門學校（一九三七年共有男生一五六名，女生二四名），吉隆坡工程專門學校(內分土木工程、電氣工程、排水灌漑、郵政、電報、測量、鐵道管理等科),沙登(Serdang)農業專門學校等。至於中等之農業、工業、商業學校亦分設重要各地。

(4)華校學生統計表

(甲)海峽殖民地

類別	一九三六年	一九三七年
男生	二六、九八三名	二九、六七五名
女生	九、六七四名	一〇、六二〇名
合計	三六、六五七名	四〇、二九三名

(乙)馬來聯邦

類別	一九三六年	一九三七年
男生	二四、九九八名	二八、八五五名
女生	八、八二八名	一〇、八四五名
合計	三三、八二六名	三九、七〇〇名

（5）馬來亞學校學生統計表（吉打華校並不列入）

類別	一九三六年	一九三七年
英文學校	[illegible]二八四	[illegible]
巫文學校	一、一一五	一、一五七
印文學校	五四一	六五二
華文學校	一、〇九三	一、一八九
回教學校	不詳	不詳
學數	二六四、七七二名	二九一、〇四〇名

（6）馬來亞歲入歲出統計表

海峽殖民地	一九三六年歲入	[illegible]元
	歲出	[illegible]元
	一九三七年歲入	[illegible]元
	歲出	四二、〇三八、[illegible]元
公債	一九三七年末公債共達	[illegible]九
馬來聯邦	一九三六年歲入	六八、〇五一、[illegible]元
	歲出	五二、七[illegible]元
	一九三七年歲入	八[illegible]、八六五、[illegible]元
	歲出	七一、一四[illegible]元

公債　一九三七年末公債共達六五二八五、七一四元

邦	年	歲入	歲出
柔佛	一九三六年	一七、三八九、〇〇〇元	一七、九一二、〇〇〇元
柔佛	一九三七年	二〇、一九七、〇〇〇元	一八、三九八、〇〇〇元
吉打	一九三六年	七、一九一、〇〇〇元	六、三二六、〇〇〇元
吉打	一九三七年	七、八六五、〇〇〇元	六、九九五、〇〇〇元
玻璃市	一九三六年	六四〇、〇〇〇元	五一九、〇〇〇元
玻璃市	一九三七年	七五四、〇〇〇元	六三六、〇〇〇元
吉蘭丹	一九三六年	二、七[illegible]、〇〇〇元	二、四七七、〇〇〇元
吉蘭丹	一九三七年	[illegible]、[illegible]九、〇〇〇元	二、七五七、〇〇〇元
丁加奴	一九三六年	二、四三二、〇〇〇元	一、九一二、〇〇〇元
丁加奴	一九三七年	二、六六〇、〇〇〇元	二、六四五、〇〇〇元
勃泥	一九三六年	九二九、〇〇〇元	七八〇、〇〇〇元
勃泥	一九三七年	一、〇四九、〇〇〇元	六五三、〇〇〇元

(7)一九三七年馬來亞對外貿易統計表

國名	進口貿易	出口貿易
澳洲	一四、五三〇、〇〇〇元	二二、二五六、〇〇〇元
印度緬甸	四六、〇二一、〇〇〇元	二八、四七二、〇〇〇元
北婆羅洲砂勝越	三七、四九六、〇〇〇元	一四、二七七、〇〇〇元
中國	二七、六一二、〇〇〇元	五、〇九〇、〇〇〇元
歐洲大陸	三九、一三三、〇〇〇元	一四七、四一三、〇〇〇元
越南	一三、三六一、〇〇〇元	一、一〇七、〇〇〇元
香港	八、二三六、〇〇〇元	五、〇五六、〇〇〇元
日本	四〇、四八二、〇〇〇元	六〇、七一二、〇〇〇元
荷印	二二〇、〇五四、〇〇〇元	三四、七五七、〇〇〇元
新西蘭	七、〇九〇、〇〇〇元	三、〇七六、〇〇〇元
暹羅	九二、五七九、〇〇〇元	一四、三一七、〇〇〇元
美國本部	〇五、九五九、〇〇〇元	九八、五二三、〇〇〇元
美國	一五、九〇七、〇〇〇元	三九八、八四九、〇〇〇元

其他	二九、九二[illegible]、〇〇〇元	六六、〇九五、〇〇〇元
總計	七九二、〇〇〇、〇〇〇元	八九〇、〇〇〇、〇〇〇元

(8)馬來亞主要港口進出輪船載重統計表（一九三七年）

港口	輪船載重	其他船舶載重	總計
新加坡	三二、七九一、〇〇〇噸	一、三九二、〇〇〇噸	三四、一八三、〇〇〇噸
檳城	三、二七四、〇〇〇噸	五一二、〇〇〇噸	三、七八六、〇〇〇噸
馬六甲	一、二四二、〇〇〇噸	一〇七、〇〇〇噸	一、三四九、〇〇〇噸
巴生港口	七、二三二、〇〇〇噸	七五、〇〇〇噸	七、三〇七、〇〇〇噸

(9)馬來亞車輛統計表（一九三七年）

類別	殖民地	聯邦	屬邦	馬來亞
汽車	一三、五〇七輛	一四、一六五輛	五、三七〇輛	三三、〇四二輛
公共汽車（Bus）	六七九輛	一、二一〇輛	八五一輛	二、七四〇輛

載貨汽車(Lorry)	三、八五四輛	二、九一七輛	一、九二〇輛	八、六九二輛
機器脚踏車(Motor Cycle)	九八三輛	二、六一九輛	六〇八輛	四、二一〇輛
其他	一七九輛	一七九輛	一四二輛	四九九輛
總計	一九、二〇二輛	二一、〇九〇輛	八、八九〇輛	四九、一八二輛

(10)馬來亞社團註冊統計表(根據一九三七年華民政務司華僑事務報告)

州別	註冊	豁免	解散	註冊總數	豁免總數
新加坡	六六	二六	八	四六	五六〇
檳城	三八	六	三七	三六〇	一三六
馬六甲	七	三	七	一二三	一一四
納閩	〇	二	〇	五	七
霹靂	二三	四	六	三八七	一八九
雪蘭莪	二二	七	九	二八六	一九九
森美蘭	八	一	四	七七	七二

彭亨	二	三	〇	四七	四〇
柔佛	四	五	三	二三四	一〇四
吉打	四	二		七三	六二

(二)馬來亞婢女登記總數(根據華民政務司報告)

類別	一九三六年	一九三七年
新加坡	三八八名	三七〇名
檳城	四〇〇名	三四四名
馬六甲	一八二名	一五五名
霹靂	三一七名	二六六名
雪蘭莪	三三五名	二六五名
森美蘭	一二九名	九五名
彭亨	三九名	二七名
柔佛	一〇六名	九二名
吉打	七九名	六四名

(12)七州府（海峽殖民地馬來聯邦）郵電統計表

項目	一九三六年	一九三七年
郵局及代辦所	二三三處	二三七處
郵件	九一、〇六六、〇〇〇件	一〇一、一二四、〇〇〇件
郵局匯票	一四、一六七、九〇〇元	一八、二四五、一〇〇元
電報局	一四四所	一四七所
拍發電報	五六八、四〇〇封	六六一、四〇〇封
收到電報	五一〇、四〇〇封	五七六、八〇〇封
無線電台	八座	八座
收發無線電報	八五、三〇〇封	九六、五〇〇封
無線電收音機執照	六、一五五張	九、五〇三張
政府電話局	一〇二所	一〇四所
電話用戶	六、三五八家	七、二五三戶
星洲東方電話局電話用戶	四、五九八戶	四、九三二戶

(18)馬來屬邦郵電統計表

項目	一九三六年	一九三七年
郵局及代辦所	八九處	九一處
郵件	一〇、〇三〇、六〇〇件	一一、六七三、六〇〇件
郵政匯票	四、一三九、二〇〇元	五、二五九、六〇〇元
無線電台	九所	一〇所
收發無線電報	八、九〇〇封	九、〇〇〇封
無線電收音執照	五七四張	九一五張
政府電話局	七六所	七八所
電話用戶	一、七三三戶	一、九八一戶

(19)馬來亞治安統計表

海峽殖民地	一九三五年	一九三六年	一九三七年
警察實力	三、七八四人	三、七一〇人	三、六六二人

	一九三五年	一九三六年	一九三七年
可抄押罪案	五、五三八件	五、七三一件	六、七七四件
謀殺人命案	二一件	三三件	三一件
結隊搶刼案	三一件	七件	一一件
普通搶刼案	六四件	六〇件	六六件
不可抄押罪案	一一三、〇〇四件	一〇九、一八五件	一一一、一二五件
馬來聯邦	一九三五年	一九三六年	一九三七年
警察實力	三、九四一人	四、〇二〇人	四、〇八七人
可抄押罪案	七、九七七件	七、六九九件	七、一四八件
謀殺人命案	四八件	四九件	三四件
結隊搶刼案	四件	二件	五件
普通搶刼案	三七件	三四件	一七件
不可抄押罪案	八八、八一九件	八七、六六四件	九二、四九一件
柔佛	一九三五年	一九三六年	一九三七年
警察實力	一、三一九人	一、三三五人	一、三四六人

可抄押罪案	二、〇四 件	二、二一六件	二、〇四七件
謀殺人命案	一一件	一七人	一九件
結隊搶刼案	二件	二件	〇件
普通搶刼案	一四件	一九件	五件
不可抄押罪案	一九、六一九件	二三、六三三件	二二、六三三件
吉打	一九三五年	一九三六年	一九三七年
警察實力	六七九人	六九二人	七三一人
謀殺人命案	九件	九件	一一件
結隊搶刼案	一件	三件	三件
普通搶刼案	一〇件	一八件	九件
合其他罪案總計	一四、一六四件	一六、〇一〇件	一五、〇二八件
玻璃市	一九三五年	一九三六年	一九三七年
警察實力	七三人	七三人	七六人
罪案總計	五六九件	六三五件	七四六件

		一九三五年	一九三六年	一九三七年
吉蘭丹	警察實力	三三七人	三四二人	三四七人
	罪案總計	二、七〇四件	三、〇四二件	三、二二三件
丁加奴	警察實力	三〇三人	三〇五人	三四〇人
	罪案總計	五、七九六件	五、七九三件	六、九三件
渤泥	警察實力	八一人	八四人	八四人
	罪案總計	五〇件	三八九件	三九三件

以上統計表十四種，均爲最新資料，極便參考，幸讀者留意。

一八七六年有英人名維克亨(Sir Henry Wickham)者，自巴西偷運橡樹種子，培植於倫敦附近之Kew植物園中，二年後卽將樹苗移至新加坡植物園，種植數年，極有成效，此爲馬來亞有橡樹之始。

（註）陳育崧先生讀此文時，對「質」即（Selat）之說，似有疑問。但籐田豐八認「質」即係（Selat），而我國康熙字典上，「質」之反切爲「之日」或「職日」，故「質」之即爲（Selat）實無疑義。

本文參考用書

馮承鈞著：中國南洋交通史。（商務版）

拙編：英屬馬來亞地理（商務版）

拙譯：英運在馬來半島之關係。

古今圖書集成方輿彙編邊裔典之部（中華影印）

R. O. Winstedt: History of Malaya.

L. A. Mills British Malaya. (1824—1867)

R. Emerson: Malaysia.

Manual of Statistics, S. S. and F. M. S.

二 一五七九至一七八六年 英荷在東方之鬪爭

海峽殖民地成立之基礎雖始於一七八六年，但英屬馬來亞實爲英人在亞洲最早之企業地也。在德雷克(Drake)於一五七九年爲著名之航海後約二十餘年，在馬來半島之各重要地點已可尋得英人之商館。然此種商館未幾卽盡行放棄，經一世紀半之久竟不擬重行設立。欲說明此種初期之失敗與最後之燦然成功之故，則不得不簡述英國東印度公司之歷史。而彼與荷蘭東印度公司作久長之奮鬪，以及荷公司之勢力在印度與馬來羣島之傾覆，更有敍述之必要焉。

當開始時之缺少成功，實不關於葡萄牙人在東方已植之勢力，葡帝國之外表固甚堂皇煊赫，其實不過一假面具耳，故其興也驟，其亡也忽。自一五九六年以後之四十年間，當英人與荷人對於葡人爲第一次重要之攻擊時，彼已非彼等之棋逢敵手矣。雖至葡人商館淹淹待斃之前三十餘年尚可勉強維持，但其命運之總歸失敗已不過時間問題而已。其毀滅之原因，得歸納於下列之四種理由：

(一)葡萄牙爲一商業國，然因急於立國之故，在歐洲之地位極不適當。彼國土太小，故人才及富力之來源有限，惟此二者，乃維持與防護此帝國自非洲至中國之勢力之最需要者也。一五八〇年以後，西班牙固可彌補此種缺憾，然彼之君主太注意於別種趣味，故對於其國人新得之屬地之利益，絕不留意。

(二)欲葡帝國在東方勢力之保存，須依賴海上之霸權，此係事實，無可否認。彼已佔有許多商館及少數軍港如臥亞(Goa)，馬六甲等。然在一五八〇年時，彼之商務已登峯造極，但駐在馬來半島及東印度羣島之屯軍，祇馬六甲，安汶(Amboyna)及帝陀爾(Tidore)三處而已。加之葡人所佔之屬地甚小，通常概爲圍繞城市之數方哩土地。此因屯軍太衰，不足維持廣大之面積耳。例如在馬六甲之屯軍，竟遭十二人之蹂躪以致覆滅，其最著者也。總之，葡帝國祇造成一聯絡各處商業中心之長練而強迫其國人往東方貿易而已。考英帝國之主要弱點亦在於此，倘海權喪失，即難存在。夫海上威風一朝旁落，則散佈於各處之製造廠及要塞之毀滅，不過時間問題而已。當一六〇六年祇距荷人第一次發現東方之後十年，海軍大將琼治(Cornelis de Jonge)率十一兵船與葡艦隊二十六艘戰於馬六甲，葡艦大北。此戰竟決定葡帝國之命運。雖此帝國在東方之勢力仍能維持約三十餘年之久，幷繼續競爭東方之霸權，然其最後之失敗，一定無疑，蓋海上霸權已轉移於荷蘭之手也。在葡人未與荷、英兩國相遇以前，本與土人發生許多戰爭，今遇眞正之敵手，已欲備無及，故此海戰之結果，使其深嘗痛苦矣。

（三）葡人絕端頑固，如彼等與摩爾人（Moors）屢次作戰，其所得之結果，適足使摩爾人常反抗葡人。彼等自視甚高，有如古之豪俠及救世之十字軍，而視每一亞洲人爲葡萄牙與基督教之敵人。卽仿之西班牙在羅馬宗教裁判時代之驕橫，葡人所爲，殆毫無遜色。因此土人莫不痛恨葡人。迨荷人與英人到東方時，卽盡力之所及以助土人。

（四）在荷人與英人之勢力伸入東方以前約三十年，葡萄牙帝國已日漸衰弱。當一五五〇年時，彼之勢力已臻極頂，但自此以後，彼商務之日進與其國勢之日退，竟並駕而行。當葡國在東方勢力鼎盛之秋，有林旭天（Jon Van Linschoten）者描寫此帝國之情形，最感趣味，彼於一五八三至八九年間，曾親至臥亞，詳爲考察。彼發見葡官吏中之大部份均草率任性，毫無能力，不盡職務，及從事跋扈並且彼等不依功績，高據要位，而引用戚黨，亦甚流行，故其居留政府極爲腐化。葡人更喜與土人婦女結婚，以致墮落，隨在可見，而葡萄牙婦女則溺於淫亂。

基於此種種理由，葡萄牙帝國失敗之速，幾與其勃興之驟相埒。自一六〇六年喪失其海上之霸權後，荷人與英人即逐漸佔據其屬地。雖幸運爲暫時之轉變，而葡帝國竟一蹶不振。至一六三〇年，彼之敵手已破壞其在印度與波斯之勢力，并佔據其在東方最主要之殖民地矣。迨至一六四一年馬六甲陷落時，葡帝國在東方之勢力立即成爲無足輕重。至一六六一年彼之屬地祇有卧亞及幾個城鎮，商業已無起色，故其敵手不願再以此等城市據爲己有。

英國東印度公司維持其初在馬來半島所得之殖民地之失敗，與葡萄牙無關，而受荷人之懷恨敵視，乃係主因。考最早進攻葡人商業之專利始於英人，但荷人則較早建設其勢力於東方，并爲驅逐葡人之工作之最有力者也。荷蘭之第一次航海東遊，始於一五九六年，但至一五九九年，彼已在葡萄牙之屬地中佔有堅固之根據地。即在同年，有一非常明顯可是無關重要之事情發生，此事情之最後結果，竟使英人在印度及馬來亞成立大英帝國之基礎。荷蘭商人提高胡椒之價格，每磅自三先令增至六先令及八先令，與英人爲難。此事竟引起倫敦商人決定組織一協會，與東印度羣島直接貿易，於是舉世聞名之英國東印度公司遂於一六〇〇年十二月三十一日正式成立矣。同時即派一以貿易爲目的之遠征隊航行東方，該隊即在爪哇之萬丹（Bantam）設一製造廠，幷與在蘇門答臘之亞齊（Achin）國之君主締結商業條約，此等國家遂開始與英國發生關係，其歷史之長直至一八七一年始止。

此後遠征隊年有派遣，至一六二三年時，英人在印度、東印度羣島，及遠東各處，已設立許多商館。於一六一〇年在馬來半島東海岸之大年（Patani）建一製造廠，此爲英人在半島中惟一之製造廠也。就大體言之，每一遠征隊派出，其公司所得之淨利極大，平均約在百分之百至百分之二百之間，有應注意而且重要之一點，即當英人被荷人逐出東印度羣島時，此公司發展貿易之主要策略，與其謂在印度，毋寧謂在馬來羣島與摩鹿加羣島（Moluccus）爲香料之貿易，如胡椒、肉桂、荳蔻等，實爲英、荷兩公司創立之主因，而彼等之互相競爭，拼命奮鬪，則完全爲香料貿易之專利，日後英人自知其勢力太弱，不足與其敵人（荷人）相抗，故自一六一五年以後即逐漸集中其注意力於印度而放棄其東印度羣島之商務與荷蘭。

倫敦公司（卽英東印度公司）之發達遠不如荷蘭之甚事極明顯。當一六二〇年時，荷人在印度及馬來羣島所建築之砲台工廠已如星羅棋布；而自需要物如金錢、兵士、軍械、艦隊等供給之來源一點觀之，荷人有更強之能力。溯本世紀初年深恐葡人反抗之時，此兩公司互相合作之親愛精神早已消沈大海，故此往昔之同盟國，竟各自開始互攻船隻。荷人之所以優先有種種原因：阿姆丹斯（Amsterdams）之商人比倫敦商人更爲富裕，故能充分供給軍艦及軍器之費用，此則斷非其敵人（指英人）所能勝任者也。卽英人願意而爲軍備之競爭時亦難辦到。加之英國商人甚不得斯圖亞特（Stuart）（指查理士一世之皇朝，自一六二五至四九年）政府之熱烈幫助，直至一六二三年安汶屠殺案（Amboyna Massacre）發生後，始引起英國之大加注意。因無政府之鼓勵，故倫敦公司缺少維持之力以與其敵人（指荷人）債務及損害公司貿易之英國奸商相反抗，因此公司曾有幾次之嚴重考慮，甚願放棄東方全部之貿易。荷國東印度公司則不然，不但得各殖民地長官之熱心維護，且盡荷蘭之財富與權力儘量幫忙。茲舉在一六〇二年發生之事情爲例：當荷人在東方拓植勢力之初六年，彼等競設公司在各地貿易。然此等公司，常互相競爭不稍退讓，各殖民地長官深認此種行爲足以損害荷人商務；故強迫彼等聯合爲一而成荷蘭東印度公司，惟自該公司始可得商業之專利。荷蘭公司卽荷蘭國家，而英公司不過商人一通常之私人團體耳。英人受內戰（指英國革命戰爭卽查理士一世與國會之爭是也，時在一六四二至九年）之影響甚大，阻礙事業之進行者數年，及至英公司恢復原狀之時，已發覺其地位難與荷人爭勝，蓋荷蘭在馬來羣島之威權已根深蒂固，而不易動搖矣。

倫敦公司雖對於需要物之供給非常貧乏，然反抗荷人之進取較前已有成效。蓋公司願意抽出其紅利而用之於戰艦與要塞也。此或因香料羣島之貿易而欲維持其已得之權利耳。在一六二九年以前——卽生死關頭之年，其時荷人在東方之勢力已有相當之基礎——英人祇間或派遣戰船航行各地，而荷人則絡繹派遣設備完善之艦隊，此艦隊者卽使其帝國成磐石之安者也。但英公司以供給物之較少，不得不與以機會。例如在一六二二年時，荷人在東方之兵艦已有八十三艘，而英人祇二十八而已。衛金孫（Wilkinson）曾用嚴酷之語言論述英國東印度公司最早之活動彼謂：「東印度公司係目光淺近之職員一種貪婪之記載，彼等欺瞞其雇主與玷辱其國家之體面，而此貌似神聖之公司所供給於雇員者爲甜言蜜語，薪給亦不充足，而犧牲彼等之性命更甚於剝削公司之紅利，正確言之，荷蘭公司所貢獻於其軍隊與艦隊之費用，在英公司不過故意犧牲其在馬來羣島貿易之一部份而已。」最初荷蘭商人亦爲英人之嫌惡於費用巨大之砲台軍隊與土地之佔有，而願如英人之得到不安穩而便宜之製造廠。然荷人不久即感此防備未固之商站，欲使其繁盛，必不可能，即欲其商站之安全，亦須視此貪婪之土酋之善意，否則難有永久之成功也。故在十七世紀之初，彼等即改製造廠爲砲台，並建設強有力之海陸軍矣。

然在別方面觀之，倫敦公司之策略可謂聰明。蓋葡萄牙帝國失敗之主要理由之一，即無法供給人才與金錢之需要以維持其要塞與艦隊也。荷蘭雖對於此種需要物之來源甚大，但亦深感其責任之過於繁重矣。當羅德爵士（Sir Thomas Roole）於一六一五年出使至莫臥兒大帝（Great Mogul）時，曾詳細研究此項問題，并即懇切忠告英公司不宜採取荷蘭之政策。英公司既面臨此有能力長官之教益，與感英人對於需要物供給之貧乏，而不願仿效彼之敵手實爲一種賢明之政策。

英公司董事由正確之觀念，最後決定不願以鉅量之金錢用於擴張軍備，此或使在東印度羣島之商業受莫大之損失；然可集中其力量於印度而得保存其極有價值之商務，同時可節省用於防衛之重大支出。公司董事與其駐在東方貿易事務官之間，竟憑藉通信方法之設立以掩避一六一五年荷蘭之提議，此提議者，謂兩個相競之公司必須合併是也。在荷人之提案中，謂英人須承擔實行對葡戰爭費用之一部份，而且在勝利已經達到之時，此兩聯盟國可平分東方之商務。此提案之理由起於荷人已得海上之霸權和佔有許多葡人之屬地，同時荷人仍須被迫維持此廣大之海陸軍以完成其勝利。葡人在東方之勢力已成強弩之末，而荷蘭公司對於需要物大量之供給，至公司利益遭嚴重之折扣。故倫敦公司對此提議，觀望形勢；彼因荷蘭之擴張軍備已從中得到莫大之利益，同時關於各地之事務，亦感滿意，幷盼此種事實繼續進行，以維久遠。夫欲得平安之保障，而不願意減削公司之紅利，爲公司董事之政策之特質，此種特質於本世紀大部份之時期中不稍改變。彼等極喜其力不能保護之事務官務須揭穿自土酋或荷人所受定期之侮辱，監禁和勒索，尤要者，爲荷人設備要塞及充實軍隊應需之費用，倘有在此時期中，彼等固不信荷人祇爲無能之恐嚇，而將敢實行其敵視之舉動。荷蘭公司強壓英方須立刻囘覆其提案，同時在東印度羣島之事務官，竟不猶豫，進攻英艦。蓋英艦者足以阻害其貿易者也。最後公司董事得其在東方事務官之報告，謂拒絕提案，英人固可在印度足以維持其地位和得到貿易之專利，但不免有逐出馬來羣島之危險。可是公司董事決計避免收受荷蘭之提議，蓋英公司早確切認識其決定，可得美滿之結果也。故公司仍繼續開設製造廠於東印度羣島，而對於軍備所需之費用仍力圖避免。蓋惟有從製造廠中，方可享受許多之利益。

嗣後數年，英、荷關係漸趨惡化，迨至一六一八年此兩公司竟公然宣戰。其開戰之主要理由，因英人企圖在摩鹿加——或稱香料羣島(Spice Islands)——得到堅固之根據地，此係歐人到東方爲貿易之主要目標也。關於此事最爲奇異。自葡人向東方伸張勢力之時候起，歐西各國均不能確切認識印度貿易之有巨大價值，而祇各自努力於得到丁香、荳蔻、胡椒、玉桂和其他香料之買賣壟斷。此等香料除胡椒外，祇可於摩鹿加和邦達(Banda)羣島中覓得之，故葡萄牙、荷蘭及英國之商人，各因其佔有慾之衝動，而不得不開戰矣。前已伸說，英屬印度因香料貿易之損失反得意外之好果。溯此等羣島之狀況，荷人與葡人經幾次苦戰之後，在一六一五年時，荷人已征服摩鹿加羣島而設廠於邦達。彼之得以成功全無英人之助力，故此勝利之結果，彼雅不願與其敵人共享。荷人企圖襲斷一切，而欲全部毀滅英公司在昔已得之有利商業。然在此香料羣島中尙有若干小島，於一六一五至二〇年時，尙未被荷人完全佔領，故英人屢思染指，據爲己有，但不成功。考英人之欲圖佔有，是得力於邦達人之幫助，此邦達人者，因受荷人之過於虐待，遂謀反抗，而視英人有如救主者也。荷人開始作第一次實施無益之恫嚇，卽憑恃武力欲逐出英人於愛嶼及龍嶼(Pulo Ai and Pulo Roon)之外，此爲邦達羣島中之兩小島，而該島土人早已邀請倫敦公司設廠製造，經營開拓。關於龍嶼之案件，荷人此種行爲錯誤已極，蓋在英人發見此嶼以前，荷人從未一履斯土，同時土人早將此嶼割讓英國。從一六一八至一六二〇年，此兩大公司在東方公開戰爭，大體言之，英方失敗，此因需要物供給之缺乏有以致之耳。

由一六一九年所謂攻守同盟條約(Treaty of Defence)之草率訂立，於是雙方爲表面上之停戰。此條約係由英國詹姆士(James)政府與荷蘭外交部長在倫敦磋商而成。荷蘭與英皇對此條約表示滿意，英公司則否；但除此以外無更佳之辦法，故亦不得不承認。雙方有許多無法解決之重要爭端在此條約中概無規定。即在雙方咸認滿意之各條中，不久亦發生嶄新之爭論。雙方均咀咒對於條約之互不忠實，故所謂攻守聯盟者實不啻於英人與荷人之深仇宿恨中添入新鮮之燃料耳。

於一六二三年竟發生著名之安汶屠殺案。荷蘭人於是年殺死若干英人，及倫敦公司在安汶設立之製造廠內所雇傭之若干日本人；此屠殺案之起因，謂英人與日本雇員將同謀使奪在安汶之荷蘭要塞也。安汶是香料羣島中之一島。此暴行發生後，欲使兩國將來在東方之合作，已成絕望。吧城（Batavia）（爲自一六二〇年至一六二三年英公司屬地中之首府）參議會主席在屠殺案發生以前，已同意於一種決定，謂英公司在摩鹿加，馬來羣島各處，及遠東之製造廠必須放棄，因在刻毒之荷人敵視之下，不能切實進行爲有利之貿易也。在一六二三年之末，英公司已放棄在馬來半島之大年，日本之廣戶（Hirado）和暹羅之製造廠。而在馬來羣島中所保有之地位，不過在蘇門答臘之亞齊與占碑（Jambi），在瓜哇之芝柏拉（Japara），與在西里伯之錫江（Macassar）

（望加錫）數處而已至一六二八年更放棄吧城，而遷移其居留政府於萬丹。

一六二三年爲英帝國在印度之關係史中最重要之時期，因在此年，公司董事視東印度羣島爲彼等動作之主要地盤者業已停止而大大集中其注意力於開發印度之貿易。此種革命，斷非一時之工作，凡百大事業之轉變均然。公司董事均於一六一五年時已逐漸有此傾向，當公司苟不欲費巨額之金錢以充實軍備，卽遭荷人從馬來羣島排斥之時，此種傾向更爲明顯。然在可能情形之下，彼等仍眷戀於其東印度羣島之製造廠，惟此適足啓示荷人更竭力抵抗，最後使公司董事不得不轉變其政策矣。然在一六二三年以後，公司董事尙不完全放棄其在東印度羣島之貿易。彼等仍保存其在爪哇、蘇門答臘之製造廠，幷一遇機會，卽企圖再據以前在馬來羣島之地位。然因荷人頑強之敵視，與英人在印度商務之發榮滋長，遂逐漸轉移英人之注意力於印度，迨至公司與馬來羣島之貿易成爲不關重要時，英人幾完全傾向於印度矣。

欲迴溯英人在東印度羣島企業之後期歷史以前，必須敍述何以公司能策劃構成在印度貿易之得以發榮滋長，幷何以能進攻葡人與荷人在印度之得以成功。雖荷人初期之勝利已立刻毀滅葡人之勢力，然荷人打蛇不打在頭後之七寸耳。葡萄牙之能力固已缺乏，但彼仍能派遣新艦隊至東方；彼在一六〇六年喪失霸權以後約三十餘年此四分五裂之帝國仍繼續反對英人與荷人，直至其最後之屈服乃已。加之印度西海岸之蘇拉特（Surat）爲英國主要製造廠之所在地，該地距離臥亞不過四百英里，臥亞者葡萄牙勢力之集中地也，故倫敦公司特別顯示有進攻之必要。起初莫臥兒大帝不願允許英人在印度貿易，一因備受其朝庭上基督教士之影響，二因莫臥兒帝國自無海軍，彼之貿易完全付托於葡艦之手，同時認此葡艦常勝無敵。然在一六一二年時，英國艦隊已航行至麥加（Mocha）亞丁（Aden），而伏伺於印度商人之旁矣。彼壓迫印商同英人貿易，并從地武（Diu）、蘇拉特兩處重徵商船之贖金，以責罰印度對於英商船之閉門不納，在同年英國艦隊又戰勝攻擊英人之葡艦。此種事蹟使印度受極大之感悟：對於葡萄牙人在海上常勝無敵之傳統觀念爲之破裂，二印度貿易操於英艦之手當無異於操於葡艦之手。由此所得之結果，爲莫臥兒大帝允許倫敦公司於印度貿易，并准在蘇拉特設立一製造廠矣。

羅德爵士於一六一五年出使至莫臥兒大帝之朝廷，頗能促進英商在印度之地位，兼之葡人之不懷好意，亦適足造成英人在印度之名譽；葡人不但妒忌印度商人，橫加壓迫，且常勒索地方官吏，惟懼英人海上之勢力，與怕當地商人之復仇，幸免完全驅出印度疆域之命運。羅德爵士欲得有價值商業之特權完全失敗，但能成就最重之三種結果，亦足多矣。第一，彼能發揚英國之威權於莫臥兒之朝廷，蓋莫臥兒大帝者對於英國商人和英國浮誇之冒險家，向來不得親切之印像者也。第二，彼說服有勢力之朝臣，樂於維護公司之利益。第三，彼覺喚起蘇拉特有權力可是不公平之省長，能心回意轉。是故羅德爵士已能徐徐轉變彼之承繼者，對於處理問罪外國商人之事，已懷有清朗莊嚴之態度矣。蓋彼實有如是之權力而為印度朝庭之好友也。自彼離開印度後，凡英人之至其地者，已發見印度貿易非常自由，居停極其和藹，即對於英皇與其人民亦均表示善意，凡此皆不得不歸功於羅德爵士品格之高超與其才能之幹練也。

此後數年，英公司之地位日臻鞏固。葡人進攻已被擊敗。在一六二二年時，英人聯合波斯人進佔忽魯謨斯(Ormuz)。竟深入敵人之壁壘，葡人在忽魯謨斯築有堅固之要塞，以保護其在波斯之貿易，蓋此地曾為亞洲商業中心之樞紐也。此戰爭之告一段落，有簡單敘述之必要。考葡人為漫無秩序之敵視行爲，繼續至一六三五年始止，彼雖從葡萄牙常有堅強之艦隊派臨東方，然其結局每爲英人所敗，故勝利之平均屬於英公司方面者居多。葡人更承繼渣亨奇爾（Jehangir）之所爲，作勾引土人販賣奴隸與刼掠印度商人之舉，故每逢機會常遭土人攻擊，使葡人備受損失。因此種種理由，葡人於一六三五年時，無論在貿易方面或戰爭方面已非英公司重要之敵手矣。自此以後，兩國深感彼等之眞正敵人乃係荷蘭，於是昔日互攻之敵人一變而爲攜手之好友。依照一六三五年和約之訂立，此兩國往日之深仇宿怨，渙然冰釋，進而同心戮力以抗荷蘭。

英人雖經長時期之戰爭，然就大體言之，公司商務非常發達。製造廠則遍設於印度之東西兩海岸和波斯灣各處，而以蘇拉特爲公司在印度之大本營。巨大利益業已在握，故在一六二〇年公司董事對於蘇拉特表示意見之記載，謂如此良好如此完全以及爲任何貿易而能得如此利益之所在，恐舉世無儔，幷可證其一帆風順，日後更有大利存矣。以印度貿易之急速孟晉與公司在馬來羣島地位之朝不保暮，兩相比較之餘，卽可顯示公司董事於一六二三年政策轉變之由來矣。

雖戰勝葡人之壯舉已告結束，而公司之是否進行無阻，仍屬疑問。例如在一六二五至二七年，司會嚴重考慮放棄其商務也。待至一六五七年，公司命運始漸有進步之起色。荷人之敵視固係主要理由，然尚有其他若干原因亦足使公司受害。公司屢受債務之累，故信用借款極難募集，在公司開辦之初期，所得到詹姆士一世，查理士一世及共和政府（Common-wealth）（一六四九至一六六〇年）之幫助者，為數亦極些微。公司內部職員亦常互相傾軋；還有因奸商之投機買賣，使其貿易更蒙嚴重之損失。所謂奸商者，係於一六三五年成立之考丁公司（Courteen's Company）也。公司董事雖無援助，然仍能與查理一世幫助設立之考丁公司竭力反抗，亦云難矣。當英國發生內戰之時，和共和政府成立之初，公司之困難情形更為嚴重。不但公司貿易蒙內戰之損失，及英皇與國會之橫征賦斂，而且於一六四〇年借與查理士一世之五萬金鎊，亦無法收回。所以福斯武（Foster）指一六四三至五七年之時期，為英公司歷史上最黑暗之時代，洵不誤也。

當在此同一之時期中，荷人幸運已漸增至頂點。自荷人席捲葡人有價值之殖民地後，對葡戰爭已於一六四四年告畢。其最後與最重之成就，即為一六四一年馬六甲之佔據。於此葡人建有極堅固之砲台以防衛昔時敵人之進攻。馬六甲之獲得為荷人在東印度羣島威權之結晶，因此地不但為亞洲主要貿易中心之一，并且可握歐亞交通孔道之馬六甲海峽，此海峽乃係西人至東印度羣島及中國之重要商路也。凡欲至馬來羣島或遠東之商船，幾無一不在馬六甲停泊，或靠近其海岸而駛過。此地既往有葡萄牙人所築之砲台為之鞏固，今又有荷蘭人之能控制海峽，故欲對於其他各國之商務或加以干涉，或用力摧殘，易如反掌。

在此時期中試比較兩公司能力之消長，則顯而易知其英人之反抗荷人無多大之成功，因荷公司有荷蘭之財富與勢力為其後盾也。雖倫敦公司之貿易有相當之減少，然能保持其商務進行之成功亦足異矣。荷人在東印度羣島已有可畏之勢力，故不能忍受英人在彼處之競爭。英人在萬丹之總製造廠以及在西利伯、爪哇、蘇門答臘各口岸之分廠雖繼續存在，但其貿易已逐漸退步。共和政府對荷蘭之戰，更足顯示英公司衰弱之另一證明。際此英、荷交惡之秋，無論何處，凡英公司之貿易實際上均停止進行，萬丹已被封鎖，其貿易亦呈停頓狀態，許多船隻均被荷人奪取，更強迫其他船隻裝載中立之土人商阜之難民。還有在此日期中荷人在印度之勢力，亦更強於英。荷人砲台遍設印度各處，且荷人較英人富裕、在一六四九年荷人更耀武揚威於莫臥兒大帝之前矣。其時英人因無海上威權，故祇可於屈服與毀滅商務之兩道中任擇其一。在此時期中之許多觀察家，謂荷蘭或將聯合在馬來羣島之殖民地和在印度斯坦之威權，可造成在東方登峯造極之勢力，意即自好望角至中國海得暢行無阻也。

論敦公司之命運，至一六五七年開始進步。在一六五八年克倫威爾（Cromwell）即強迫荷人償還安汶屠殺案之賠款，并脅迫荷人歸還龍嶼。龍嶼，係香料島，於一六二〇年荷人從英人手中奪取者也。然公司眞正之欣欣向榮，直至王政復古時代（指查理士二世歸英國復王政之時也。時在一六六　年）方始萌芽。其時公司已得公衆之信仰，和普遍之認識。查理士二世深願促進英國海外之貿易，故東印度公司得享受其最大之愛護。自是以後，公司非常興盛，并開設若干新製造廠於印度。

然荷蘭在印度與馬來羣島之威權，直保存在十七世紀之末。荷人繼續其夙昔之政策，以敵視英人之商務，并在印度屢施高壓手段之舉動。在一六六四年荷人決定欲建一製造廠於波加

(Porra)，命令英人退出該處其一例也。東印度羣島本爲荷人勢力之大本營，故其行動更爲專制。雖經一六五八年之談判，荷人仍保有龍嶼，迨至一六六七年訂立勃雷達條約(Treaty of Breda)時，竟強迫查理士二世承認該嶼爲荷蘭之屬地矣。設在萬丹與東印度羣島之英國製造廠之商業，荷人更用盡方法加以阻礙。迨至一六八三年荷人竟把英人逐出萬丹。公司董事不願企圖再據該地，同時幷命令放棄所有在東印度羣島之其他屬地，以及在暹羅、廈門、東京（越南）等處最近開設之製造廠。彼等考慮在頑固之荷人敵視之下，在馬來羣島之貿易定無希望。荷人在馬來半島及在東印度羣島之主權，無人敢與其頡頏者約有一世紀之久。

試考慮荷人在馬來羣島之政策似甚奇異，蓋彼等從未力圖逐出英公司於印度也。如其不然，英人亦實無抵抗之能力。蓋英人除於一六八五至九〇年間曾嘗試擴張軍備毫無效果外，直至十八世紀之中公司董事仍固執其傳統政策而拒絕建築砲台添置武器也。然在十七世紀之末，公司於軍事上亦已有薄弱之設備，如武裝商人之極精銳的艦隊和數百常備軍，及在孟買、麻打拉斯(Madras)和加爾各答之三個要塞是也。公司董事願永久保留其公司爲一和平之商業團體，甲豐富之禮物貢呈於莫臥兒官吏之前以得到貿易上之權益和特許，同時可避免壓迫。至於荷人則集中其注意力於香料羣島及東印度羣島而視其在印度之貿易為無關重要。雖荷人將英人逐出於東印度羣島之外，以完成其在彼處之壟斷政策，然在印度則認為無此需要，蓋彼在印度之敵人（指英人）視之如同敝屣也。惟在一七五九年普拉西（Plassey）之一役（指英將克雷武（Clive）之勝利，）方使荷人了解英人之武力而絕望其圖謀壓迫英人勢力之滋長矣。自此以後，荷公司在印度之勢力一蹶不振，并悔之無及，荷人自此種舉動所得惟一之結果是可恥的失敗，最後荷人更不得不完全放棄在印度之政見。

迨十七世紀之末，卽在荷、英兩公司劇烈之衝突將要結束以前，此兩公司各在其勢力範圍中已建有牢固之基礎；卽英人在印度而荷人在馬來羣島是也。然英公司仍作三種企圖於馬來羣島得三處根據地矣。一為蘇門答臘之萬古侖（Bencoolen），二為婆羅洲之馬辰（Banjurmasin），三為婆羅洲附近之巴蘭萬安（Balambangan）也。萬古侖為一無利可圖之地盤，而開闢之費用則甚大，公司從未佔有其地。於一六八五年時始獲得之。公司董事早已放棄可獲大利之香料——爲丁香荳蔻等——貿易之希望，然確信對於有價值之胡椒貿易之一部份，仍有獲得之可能，考胡椒之種植，并不限於荷蘭帝國所統治而認爲重要之幾個小島上，并廣佈於爪哇、蘇門答臘及馬來羣島之其他各部。因此之故，英人於蘇門答臘西岸之萬古命建一要塞。蘇門答臘關於胡椒之栽培久已著名，并且荷人於此所設之製造廠亦極稀少，因荷蘭與葡萄牙無異，向注重於香料羣島，故必越蘇門答臘而再東航也。在最初期間，萬古命對於胡椒貿易似有極大之希望，經數載之經營後，彼於胡椒之總貿易已年達六千噸之巨，於是分設若干製造廠於附近各地。然經營此殖民地支出費用之巨大，與其總收入之利益相較，終得不償失，蓋於此需有要塞之建築和其他種種之設備也。此得歸納於後述之幾種理由：萬古命之氣候非常惡劣，辦事人員和屯軍間死亡率之高，令人可驚。又因允許商人得依照各己之自由互相交易，故辦事人員對於稅收非常疏忽；同時此殖民地對於至中國之尋常商路相離太遠，故不能成爲貿易之中心。還有荷人勾通土人，在其附近各區遍設屯兵之所以損害其貿易之進展。於一七六〇年時，有一法人論述萬古命已遭致命之傷，蓋其時砲台已毀，此殖民地將淪於滅亡之境也。英公司日後更發見雇用馬來工人爲種植之工作，必不能得滿意之好果，此種經驗之談，凡歐洲各國之至東印度羣島者均深信之。因此種種理由，胡椒每年之生產量逐漸減少，日後即成爲無足介意之貿易，而同時每年之支出仍極高大，故萬古命之獲得實一重大之損失也。最後公司董事確切認識此地盤之完全無望，故決定在馬來羣島中另擇一較中心之地點建一要塞矣。關於萬古命以後之歷史，可用數言敍述之。萬古命繼續使公司蒙重大之損失，當雷佛士（Sir Stanford Raffles）於一八一八年爲該地之郡長時，彼描寫萬古命之情形爲一頻於滅亡可憐可悲之州郡，即在該處之土人，亦謂萬古命已成死地。雷佛士憑其本有之毅力和才能來恢復此殖民地登於繁榮之域，故在彼任職之五年中，提出許多改革方案，冀達到此繁榮之目的。然公司董事對於萬古命之眷戀已懷厭倦之態，蓋在此一百五十年中，彼等對於萬古命所需之費用年約十萬金鎊，而從其所得之報酬，不過幾噸胡椒而已；然公司董事在某幾次時期中，曾有可以繁榮之預測，但其結果，常使公司增加損失，減少利益。萬古命實不能引起公司之信仰，故公司董事不願再照雷佛士之提議，而拒絕批准其他所需之經費。彼等對於萬古命之情形而樂於記入其檔案中者爲一致命之損失，故願於一八二四年因馬六甲之交換而割讓與荷人焉。

英公司因欲獲得東印度羣島貿易之一部份，故在十八世紀中作第二次之企圖，此即佔據位於南婆羅洲之馬辰時在一六九八至一七〇一年之間也。既得馬辰即築一砲台，但在一七〇七年時，因遭土人之進攻，竟逐出英人於斯土之外。至一七三八年再與馬辰開始貿易，迨一七五六年又告停頓，蓋荷人適於此時已從馬辰之蘇丹，獲得胡椒生產之統制也。至一七八五年馬辰成爲荷蘭之一省，蘇丹因願割讓之故，繼續在位，而爲荷蘭之陪臣矣。

巴蘭萬安爲蘇祿羣島（Sulu Archipelago）之一，是英公司第三之企圖地也。於一七六二年得蘇祿蘇丹班鐵雷（Bantelan）之允許讓與英國。後此數年，班鐵雷更以婆羅洲之北部及東北部割讓與英，其面積約如現在英屬之北婆羅洲，此等區域本係蘇祿蘇丹自渤泥（Brunei）蘇丹處強奪而來者。約在一七七一年在巴蘭萬安築一砲台，但在一七七五年因土人之驚駭，致遭蘇祿蘇丹之洗刼。於是英無恢復此殖民地之企圖者達三十年之久。至一八〇三年承公司之命令再行佔據，惟巴蘭萬安於經濟上無成功之望，故於一八〇四年即放棄之。

關於萬古侖、馬辰及巴蘭萬安失敗之記錄，大概是最有意義之教訓。其缺乏成功之要素，雖由荷人對於英人之三種企圖確實加以敵視，但決不盡由荷人之惡意。其時荷人極滿意於暗中之攻擊，故未嘗應用武力驅逐英人，如荷人在十七世紀時所爲者。考荷人在東方之勢力於十七世紀之末已開始漸漸衰退，此足以說明其不敢應用武力之原理也。荷蘭東印度公司衰頹之理由，就各方面觀之，竟與葡萄牙帝國之崩潰如出一轍。蓋此兩國在東方勢力之衰退完全由其母國之不能供給人才和金錢之需要，以維持其海外之殖民地也。自一六五二年荷蘭與英國共和政府發生第一次海戰時起，至一七一三年訂立烏德來特和約(Peace of Utrecht)止，此六十年間，荷蘭非與法國戰，即與英國戰，有時與兩國共戰。彼發覺此種戰爭，似與其海外之屬地無關，但對於一切需要物之供給已成問題，迨至和平條約訂立以前，荷人財富乾涸之朕兆，已露其端倪矣。荷蘭本國處境之困難，當然影響其在亞洲之地位，故當十八世紀之時，荷蘭東印度公司之勢力，不得不如江河之日下。本來荷人在東方之燦然成功，實得力於戰勝路易十四(Louis XIV)，非然者，斷難有極廣之土地也。加之荷公司在東印度羣島所施之政策，全用霸道，實則此亦係公司傾覆之原因。從荷公司在最初幾年之歷史觀之，竟曾視公司有如帝國之政府，其實純爲一圖利之機關耳。荷人開闢馬來羣島，極殘暴之能事，務欲壓榨其殖民地至分文無賸，而對於土人之福利，反絕不顧及。因此之故，在十七和十八世紀之大部份時期中，常發生連續不斷之暴動。荷人則常用慘無人道之行爲以鎭壓之。但在公司方面，則不得不使用極大之金錢以應付事變。至於公司職員之腐化欺詐，則亦使公司漸趨滅亡之另一要素也。

當十八世紀之最後數十年，荷公司勢力之衰頹，竟急速孟晉。因需要物供給之缺乏，不能再維持廣大之軍隊，以實施其壟斷貿易之政策。英公司則趁此良機力圖競進。約在一七七〇年時，私運貿易之興盛，竟空前絕後，英人以其製品常與私販交換香料。欲說明荷人衰落之最顯著之事實，則可由福萊特大佐（Forrest）於一七七四年之航海而知之。彼因欲在摩鹿加羣島中尚未被人佔據之若干小島上，尋覓丁香、玉桂和其他香料之樹苗，自巴蘭萬安首途出發，因此等樹苗可種植於英人已有之屬地者也。福萊特出發時所用之船，爲一大小合度之馬來船，彼游弋於婆羅洲之東海岸，而通過摩鹿加羣島和邦達羣島。迨彼回至巴蘭萬安時，則已見該地爲蘇祿蘇丹所洗刼，於是立坐原船，航行至萬古侖。百年以前，彼懷有武器之東印度人，尚被荷蘭兵船逐出於東印度羣島之外，今稱萊特所乘者不過一薄弱之馬來船，竟能任意游弋通行無阻，可謂難矣。於此足見荷蘭帝國勢力之消長矣。

荷公司衰落後之第二步辦法，爲逐漸放棄其若干小島。在一七九五年即英人奪取馬六甲和摩鹿加羣島之前刻，荷蘭帝國之屬地祇有爪哇、馬六甲和摩鹿加羣島三處；以及在蘇門答臘、婆羅洲、西里伯和其他小島上之幾個要塞而已。至於其他屬地則盡遭土人之摧毀。即就馬來半島而論，荷人雖於馬六甲駐有強大之軍隊，然已被征服之馬來蘇丹亦均起而反抗。最後，即在一七九五年，殖民地總督指定一委員宣告公司破產，蓋其時公司之貿易幾等於零矣。三年後此新成立之巴達維亞共和國，即在一六〇二年時得荷皇之特許者，亦宣告取消，而由其帝國直接管理殘留各屬地之政務。

荷蘭在東方勢力之衰弱，因爲英國之機會；而於一七八六年檳城開闢，亦是使馬六甲繁盛之商務受一致命之打擊。其時荷人實因過於脆弱，故雖用盡陰謀詭計，而終不能反對檳城之成立也。

(註)葡、荷、英三國繼吾國鄭和七次下西洋之後，縱橫於馬來羣島之間，分割殖民地之情形，於本文中可一窺其崖略，故

本文亦係馬來亞重要之史料也。且關於英、荷兩國東印度公司之競爭狀況，敘述尤爲詳明，故更有一讀之價值。

本題原名爲 The English and Dutch in the East, 1579—1786，惟內容所述概係兩公司之鬭爭情形，故改爲英、荷在東方之鬭爭。原文刊載於 Journal of the Malayan Branch, Royal Asiatic Society, Vol. III, Part II 中。著者爲 L. A. Mills。關於其他詳情可查下篇附註。

本文曾登載於上海中南文化協會發行之中南文化第二號中。

三　一八二四年之英荷條約

在英屬馬來亞歷史中最重要之事件，莫過於一八二四年之英荷條約。世人對此條約所牽涉本地利益之重要各點，未加充分注意，至足異也。根據此約，英國內閣於維也納會議（Congress of Vienna）之初，即已完成其工作。換言之，英人欲在東印度羣島之內得土地之割讓，謀另建一大英帝國之特殊勢力，確已完全絕望。

此政策所依據之理由，就大體言之，無非如一八一五年之指示，應以馬來羣島中之荷蘭領土，悉數歸其治理是也。英國內閣既願與荷蘭保持穩固之友誼，即在歐洲擁護此主張。各部長官對此甘願放棄權利，交還荷蘭統治之土地之價值，絕無認識，而彼等惟一之信念，認為土地之損失，當可由英、荷間親善關係之加強獲得報償。自一八一五年以後，歐洲局勢頗有改變，其時革命運動（Revolutionary Madness）甚囂塵上，俄、普、奧三國之神聖同盟（Holy Alliance）雖以公正慈善和平互相標榜，其目的確在壓迫革命運動，故結果完全解體。其時法國所採之政策，亦頗激起尖銳之反動，彼於一八二四年時，固爲神聖同盟中極端可靠之一員也。當英國首相卡斯累夫（R. S. Castlereagh）（1769—1822）之暮年，英國即逐漸與其同盟國疏遠，迨至一八二二年味羅那會議（Congress of Verona）之時，同盟條約之毀滅，似已無法幸免，此後數年英國與歐洲大陸之君主國家，其所採之政策竟完全分道揚鑣。

歐洲大局既棼亂如麻，故英國內閣對英、荷間友誼之確立，頗生憂慮。雖此兩國政府得在歐洲維持誠篤之關係，但彼等在遠東之官吏，則繼續發生摩擦，此事足使兩強在歐洲之情感常起破裂，意見時有隔閡之危也。如新加坡之開闢，竟引起荷人之怒火，而甯佛士於一八一八至一九年間所進行之計劃，亦與荷蘭發生種種之糾紛。英人在亞洲對荷人所取之敵對行爲，自十七世紀以來，本爲其一貫之傳統政策。其始也，荷蘭東印度公司採取高壓手段之舉動，希冀控制馬來羣島之貿易，於是兩大公司（指英國及荷蘭之東印度公司）在遠東一經接觸以後，即於商業上發生熱烈之鬪爭，此可於蘇門答臘見之。如關於萬古侖（Bencoolen）（在蘇島西南岸）之檔案，以及在蘇門答臘之荷蘭工廠，均充滿陰謀毒計暴行等之種種控告及反控告記錄，可以證也。當一八一六年荷蘭東印度帝國恢復原狀之時，荷人立即重行採用壟斷之策略，於是此蟄伏已久之敵對主義，又重演於遠東之間矣。如一八一八至二四年間檳城行政區（其時檳城爲海峽殖民地之首府）中之檔案，凡涉及荷人者，幾完全關於根深蒂固之猜疑與含有同仇敵愾的紀錄也。英國政府決心企圖使兩國在遠東之糾紛摩擦一掃而空，而荷、英兩國之勢力範圍亦亟謀平衡分配，毋使彼等之從政人員，不再有接觸之機會，遂於一八一九年末開始磋商，至一八二〇年因有調查東印度事務之需要，暫告停頓，迨一八二四年兩國再度會商，始告完全成功。

英荷條約簽字於倫敦，時在一八二四年之三月十七日也。條約之後，附加換文（Exchange of Notes），因欲使其中之若干條文得到更確切之定義耳。關於領土之規定，詳述於第八條至第十五條中。荷蘭在印度所獲之領土，及在印度開設之工廠，均完全讓與英國，而荷蘭在印度所享受之特權或其他由要求而得之自由權，亦均完全宣佈放棄。在馬來半島，則荷蘭反對英國佔領新加坡所持之私見，須完全撤銷，馬六甲之砲台與市鎮，及其他附屬之土地，均悉數讓與英國，此後荷人永不准在馬來半島佔領任何土地，或建立任何事業，或與半島中之任何酋長任何首領，締結任何條約。英國方面則以蘇島（卽蘇門答臘）之萬古侖及東印度公司在蘇島所獲得之領土，悉數讓渡與荷蘭，并規定英國嗣後不再在蘇島成立殖民地，更不准英國官吏與蘇島之任何酋長任何首領，訂立任何條約。英、荷兩國對克里魔（Kerimun）羣島（離新加坡西南不遠之一羣小島）廖內龍牙（Rhio Lingga）羣島或在新加坡海峽以南之任何小羣島，雙方均同意於不設立殖民地，或締結條約（上述之小羣島現雖爲荷蘭所治理，但完全係自由口岸，吾人欲入其境，絕無如赴爪哇或蘇島等處之麻煩，此卽根據此條約之精神也。）所有兩國互相讓與之領土，准於一八二五年三月八日實行交換，領土居民則與以六年充分之時間，使彼等處理其自己之財產，至居民願往何處，則悉聽自由選擇，兩國政府絕不與以留難。包含於條約第十五條中之條文，竟引起日後馬六甲土地問題發生糾紛之主要原因。文中規定，謂讓與領土之所有權，須於任何時間移交於任何列強之事，絕不可能，然而此兩締約國之一（指荷蘭），對於馬六甲屬地之權益，將立卽移交與另一締約國（指英國）矣。（荷人於一八二五年將馬六甲交與英人時，竟將馬六甲土地之地契攜走，於是土地之所有權，爲酋長所有，或爲農人（Raayat）所有，或爲荷人所有，無從決定。英人整理區區馬六甲之土地達四十年之久始能完畢可謂難矣。）條約第六條規定英、荷在遠東之官吏苟不得歐洲兩國政府之命令則絕對不准在東印度海中之任何島上建設任何新殖民地。此條文之基本原則，不但顯示英、荷兩國之勢力範圍各由已據及讓與之領土截然劃分，而且共同遵照自縛決議之條例，亦不願互相侵犯也。英國內閣希望藉此條文解除紛爭，如發生於一八一八至一九年間者，亦即萊佛士與蘇島荷人間所起之摩擦是也。

英荷條約更企圖解決貿易之競爭其主要之原則而爲條文中所規定者：荷蘭在其自己之勢力範圍以內應賦與統治自己商業利益之特權，英人當加以充分之承認也。惟荷人欲將馬來羣島之貿易，企圖壟斷之念亦須放棄。同時荷人對於英國商務，切不可如疇昔之所爲，或施以不公平之待遇，或與以種種之阻撓。兩國之間，澈底合作，無論在印度，在錫蘭，及在馬來羣島，均適用最惠國待遇。至於應徵之稅，當另行規定。條約第三條之目的，乃係兩國共通之一種詭計，而各自約束其自已之貿易。謂自此以後，任何一國不應與東印度海中之任何土酋再締通商之約，而其約中之內容對任何一國有特別之目的，或徵取不公平之賦稅，以排斥別國與土酋間之貿易者；設若此種條約業已存在於任何一國，則其影響所及將生惡果，故應據目前產生之英荷條約，完全取消。條約第四條謂兩國政府或人民與東印度羣島間之各口岸，不問其爲兩國所有或爲土酋所有者，均可自由通商，不加阻礙。條約第七條，係說明摩鹿加羣島不在規定之例。英國承認荷蘭對此香料羣島（即摩鹿加羣島，以產香料著名）之貿易，仍可保持專利之特權。考此種退讓無關大體，兩國之間對於香料貿易本爭奪至烈，惟目前歐洲對香料之價值，已遠不如十七世紀時之高貴矣。附屬於條約之換文中者，曾包涵一重要之原則，與明顯之宣誓：謂荷蘭政府對於東印度羣島，在政治上欲策畫有無上之威權，在商業上欲圖達其壟斷之慾望者，則不但背信，而且蔑視條約之神聖也。

英荷條約之第三目的爲海盜問題。條約第五條，規定兩國應切實合作，共同鎮壓。總之，此項條約中之條文，世人均認光榮之破壞，實多於儀式之遵守。

在條約換文之中，曾謂英、荷兩國之全權大使，自是以後，應全神貫注於兩國在遠東之間，謀友誼之增進與推誠之合作。但此種希望言之恐尚早一世紀之久也。傳統之怨恨，至死時惡念未斷，記海峽官吏之公文與夫新加坡當時之報紙，益不忍卒讀，蓋充滿於字裏行間者，均荷人不歡之情形，與強硬之態度、荷英兩國間勢力範圍之劃分，固可免除領土之爭執，所謂兩國間發生衝突之原因，確已移去其一。然荷人之商業條例，仍與海峽殖民地之官吏與商人一極大之痛苦也。就英人方面言之，謂荷人規避條約中所定之條文，用盡種種手段，以阻礙英國貿易向馬來羣島之進展。荷人則反是，謂英人之申訴，全係揑造，且不公允。關於雙方之爭論，有辛辣之通信，冗長之記載，蓋此種爭論，繼續亘二十五年之久也。設吾人欲判別誰是誰非，而加以詳細之批評，則斷非數十萬言所能盡。夫兩國商務之爭，不但新加坡之貿易大受其害，即欲敍述英商對於東印度羣島整個之歷史，亦有難。以下筆之慨。散在於孟加拉英政府檔案中之記錄，就表面觀之，悉爲公平正直之英商之控告，但其內裏，恐更含有無限之悲痛也。是耶非耶，固不具論，惟深信荷人之心口不符，虛僞陰險，似與海峽殖民地之英商一致命之打擊。

英荷條約之商業價值，對於英商爲害爲利，不能確定，但試將英人歸還之領土一加考慮，則顯見其害多益少矣。今純以英人對於東印度羣島之利益言之，則英人所交出之領土，實較其所保留者爲多，毫無疑問。當一八一五年歸還領土於荷蘭之時，已喪失英人在馬來羣島建設帝國之機會。

三　八一四年之英荷條約　　八一

此可成之帝國，其物產之豐饒，土地之肥沃，不過僅次於印度而已。即以蘇門答臘而論，其所埋藏於地下之無限富源，早由雷佛士向英政府詳爲報告，抑尤進者，其時在馬來羣島中之其他海島，倘未全被荷人佔領。大不列顛固仍有機會以完成一偉大之馬來帝國，其價值當在英屬馬來亞之上也。設於一八二四年之際，更積極實施侵略之政策，則定可造成一更重要之東印度帝國，惜今時機已去，而永無回復之望矣。

關於英國所取之政策，就廣泛之見解觀之，似極賢明。與荷蘭保持密切之友誼，實爲重要，而對東印度羣島擴張領土之策略，或將招致困難之境遇。苟英人不顧一切，而懷抱貪慾無厭之野心，其結果將激起其他列強一種危險之妒忌。此大不列顛所以決不採取毫無目的之前進政策，以自蹈全世界列強一致對彼之危害也。

五十年後，英荷條約對於英國之有利即已證明。荷蘭在馬來半島撤消統治之權，大不列顛即在半島之內暢行無阻，此外更無其他歐人可與英人頡抗。一八七四年邦哥條約（Treaty of Pangkor）（此約實爲成立馬來聯邦之基礎）訂立以後，英國即開始將馬來各邦置於統治之下。設荷蘭不將其所有之特權完全讓渡，則經半世紀之干涉操縱，整個馬來半島必不免爲荷蘭之屬地。吾人一觀荷蘭之地瘠民貧，而對於東印度羣島之繼續擴張領土，可以知之。至荷人通常所採之政策，卽建設其宗主權於土酋之上，而在馬來半島荷人所施之手段，亦完全與此相同。如在大霹靂與森美蘭兩州之內，荷人固早已運用此種策略矣。故無一八二四年之英荷條約，則馬來半島之一部，今日必爲荷人之殖民地，毫無疑義。此雖輕率之談，但實爲其時之一種預言也。

一八二四年以前，荷人在馬來半島之勢力，祇囿於森美蘭、雪蘭莪與大霹靂三州之內。馬六甲自一六四一年起，固仍爲荷人在馬來半島之首府，惟其昔日之光榮業已逐漸消失矣。從一七七九至一七九五年間，馬六甲雖一時有復興之望，惟終以港口之淤泥繼長增高，幷其他種種原因，商務仍毫無起色。檳城開闢以後，馬六甲之貿易更受嚴重之挫折，而一七九五年英人奪獲馬六甲時，東印度公司本擬將其摧毀，後以雷佛士之勸告始作罷論。然馬六甲直至一八一九年時，仍不失爲馬來半島中一興盛之都市也。迨新加坡開闢後，始與馬六甲一致命之打擊，故在一八二四年時，其地所有之商務已不足重視矣。抑尤進者，昔日馬六甲在軍事上之價值，今亦完全煙消雲散。蓋位於馬六甲海峽兩端之檳榔嶼及新加坡被英人控制以後，馬六甲在軍事上及交通上實已喪失居於領導之地位矣。故荷人認以蘇島之萬古命與此將瀕死境之馬六甲，及附屬於馬六甲之數百方哩領土互相交換，實爲一重要而且公平之交易也。惟東印度公司所得之遺產，乃爲一式微之港口，百孔千瘡之城市，與土酋發生戰爭（指南寧之戰。英人佔領馬六甲後，即與南寧（Naning）發生戰事，英人出兵一千二百，靡費十萬金鎊，歷時九月有餘，始能平定。）之區域，及歷四十年而尚不能完全解決土地問題之馬六甲也。

荷人與馬來半島之貿易，其最主要者爲錫，故其政策之目的，常欲獲得錫之產銷之壟斷。雖其時錫之產量較十九世紀之時大有遜色，但仍不失爲一重要之實業，而當時最大之錫鑛，則全在大霹靂境內。荷人與大霹靂發生關係，始於一六四八年之頃，其時大霹靂爲亞齊（Achin）之附庸，故荷人獲得錫之產銷之專利權，即係與亞齊所締結之條約而來，但霹靂之馬來人則一致反對，經數十年之漫無秩序之戰鬬，馬來人始同意於荷人之壟斷，時在一六八一年矣。自是以後，馬來人仍繼續爲驅逐荷人之工作，但均失敗。迨至一七九五年，英人奪取馬六甲以後，荷人在大霹靂所建之要塞亦交給英國管理。

東印度公司不願繼續運用荷蘭之壟斷政策。故至一八一八年時，大霹靂仍爲自由之區，而不受歐人之統治。然檳城與霹靂間之錫業貿易，竟有長足之進步，至爲奇異。一八一八年英人以馬六甲歸還荷蘭，而其時荷蘭駐甲長官名天孫（Timmerman Thyssen）者，曾派遣使臣數名與大霹靂磋商恢復昔日之條約，霹靂雖衰弱無能，不足抵抗荷蘭之侵略，但卒遭蘇丹之拒絕。所異者，荷蘭對此蘇丹之不遜，未興問罪之師，此或因吧城總督已知馬六甲將與萬古侖交換，而另有深謀遠慮之計劃矣。

雪蘭莪亦在荷人統治之下。當一七一八年時，有來自西里伯之武吉斯人（Bugis）竟殖民於此，所有雪蘭莪之沿海沿江各地，盡爲武吉斯人所盤踞。蓋彼等欲以雪蘭莪爲根據地，而從事刦略馬來半島之東岸也。故其時雪蘭莪境內之海盜，竟盛稱於世。一七八三年，廖內與雪蘭莪之武吉斯人聯合進攻馬六甲，結果敗北。經此戰爭之結果，於一七八六年荷人強迫雪蘭莪蘇丹勃拉沁（Ibrahim）簽訂條約，承認荷人對其土地有宗主權，對於錫產有專利權，并規定在雪蘭莪境內活動

之其他歐人亦須一律逐出，

一七九五年英人佔領馬六甲以後，東印度公司允將上述之條約歸於無效，故至一八一八年時，雪蘭莪已成爲獨立之一州。一八一九年，馬六甲長官天孫，強迫蘇丹再訂條約，其內容悉與一七八六年所訂者完全相同。雪蘭莪蘇丹勒拉沁現雖爲一行將就木之老人，但其痛恨荷人之兇橫與前無異。彼對英人始終親善，故在接受荷人要求之前，曾懇請東印度公司加以助力，惜公司不能如其願耳。但此次所訂之約竟未遭吧城政府之批准，其理由亦因馬六甲將與萬古命交換之故也。所以雪蘭莪仍得維持其獨立之狀態。

荷蘭之宗主權，更存在於森美蘭境內之若干小部落間，雖究有多少小部落之首領受其影響，不得而知，但有若干領袖服從荷人指揮，似可斷定。森美蘭（Negri Sembilan）本爲九州之意，形成古代柔佛帝國之一部，而於十六至十八世紀之時，爲來自明那加保（Menangkabau）（爲蘇門答臘之古國）之馬來人之殖民地也。此種移民（指來自明那加保之馬來人）似極和平，常與宅居於當地之土著，互結姻婭之誼，遂使森美蘭境內之遊牧民族（即土著）竟有逐漸同化之傾向。因明邦加保之移民繼續如潮而至，遂產生許多之小酋。當十八世紀之初五十年，柔佛君主之權力已漸削弱，其對於森美蘭之統治權，祇圖擁虛名，毫無實力。故凡任何小酋而能承認柔佛帝國有無上之統治權者，則柔佛君主，均願頒給名位，賜以土地。依此方法，凡森美蘭之小酋，咸得柔佛君主之承認，有世襲之權利，有赫赫之職位也。雖柔佛君主並不賦與實際之權力，但此等小酋之間，或小酋與新貴之間，時生鬩牆之鬬，故所謂森美蘭即九州之意，殊不可靠，蓋其部落之數，有時多於九，有時少於九，戰爭消長，併吞分裂，時有變遷也。並且部落之間無眞正之同盟，不過小酋之間有一拉攏之集團耳。

柔佛大君主之威嚴既逐漸消失，故於一七五七年柔佛之王，將林茂 (Rembau) 空洞之宗主權讓渡與其聯盟國荷蘭，實毋庸驚駭也。惟此種讓與範圍是否祇限林茂，則不能確定，如松岩烏窮 (Sungei Ujong) 及其他若干小部落或包括在內，則事極可能耳。

荷蘭對於馬來半島宿抱一貫政策，故不願運用武力征服森美蘭全境。彼之目的，全着重於錫之專利，而無意於領土之推廣。故凡濱海之區，港口要隘，即用武力加以控制，以達到壟斷之目的。若派遣大軍，深入無徑之叢莽與擅長游擊技術之馬來人，作永無停止之戰鬥，勞命喪財，毫無實惠，則決非荷人所願也。並且激發小酋之憤懣，摧毀荷蘭東印度公司之產業，尤爲得不償失之舉。惟以林茂適位於馬六甲之邊徼，故荷人不得不加以完全之統治耳。一七五九年，荷蘭與林茂締結條約，約中規定荷蘭東印度公司有錫之專利權，並林茂自認爲馬六甲之附庸。此外荷人更指定一耶督（Yamtuan）而爲森美蘭名義上之統治者，此舉表示荷人對於森美蘭亦有行使權力之意。

從一七九五至一八一八年，當英人統治時代，並不企圖實施荷人之權利。雖於一八一八年時馬六甲之長官天孫與林茂恢復一七五九年之條約，但未得吧城之批准，不過保留荷人對於若干小酋有一種至高無上之權耳。此空泛之宗主權，於一八二四年時轉移與英國。

一八二三年，荷蘭欲將古代柔佛帝國之一部歸其統治，其範圍之廣闊適與近代之柔佛相埒。一八一八年荷蘭與蘇丹亞都羅門（Abdulrahman）所訂立之條約，祇適用於廖內蓋亞都羅門者非柔佛之蘇丹也。但當萊佛士指出胡新（Hussein）爲合法之蘇丹時，荷人竟教唆亞都羅門牽強附會，排斥胡新，而自承爲柔佛合法之蘇丹。然柔佛之疆土，爲柔佛天猛公（Temenggong）世襲之采邑，於是天猛公與胡新兩人，懇請雷佛士加以保護。雷佛士十分願意，准其所請，惟力避自身捲入漩渦，與荷蘭發生糾纏。一八二三年二月，雷氏准許馬來領袖在柔佛高懸英國之旗，蓋欲藉此避免亞都羅門之進攻也。至雷氏所具之理由，謂天猛公爲最合法之承繼者，絕無疑問，即爲英國自身設想，苟失去馬來半島內地之治權，則新加坡即毫無價值。但荷人熱烈反抗，勢不可遏，於是英國政府命令撤去柔佛之英旗，并痛責雷佛士之舉動。一八二三年克洛福特（Crawfurd）繼雷佛士之後，而爲新加坡之長官，彼認柔佛全無價值；於是經相當時期之商討後，始強迫胡新及天猛公將懸於柔佛之英旗完全解除。此事本非彼等所願，蓋根據一八一九年割讓新加坡之條約，東印度公司本負有防守彼等之土地之義務也，此種申辯，完全虛僞，蓋此條約（指割讓新加坡之條約）之第二條中早已明白宣示，英國不負干涉柔佛政務之責任也。自一八二四年英荷協約成立以來，荷人施於柔佛之詭計即無所聞，同時柔佛大陸，亦即入於英人勢力範圍之內矣。

彭亨於名義上雖爲柔佛之一部，但荷人之干涉彭亨似從未有所聞也，統治彭亨之首領名曰朋達哈拉（Bendahara），爲世襲之職，非柔佛蘇丹之屬員，實係獨立之領袖，其人爲胡新之姊丈，故最初曾擁護胡新反抗亞都羅門。繼以胡新前途之無望，扶翼之無益，彼遂於一七二二年改弦易轍，而效忠於亞都羅門矣。但荷人仍未企圖而有控制彭亨之意。至一八二四年時，朋達哈拉繼續爲蘇丹亞都羅門名義上之陪臣。自此時期以後，荷蘭在馬來半島之政權業務，完全放棄，於是蘇丹亞都羅門無人贊助彼之無上威權發生動搖，彭亨朋達哈拉即逐漸改變態度，不輸款款之忱，不作效忠之念，而已自居於獨立之地位矣。當英國干涉彭亨之內政時，以事實上之需要，將朋達哈拉升爲彭亨之蘇丹。

一八二四年之英荷條約，竟產生一無可奈何之結局。柔佛帝國頓呈分裂之象，即一部（指原屬柔佛之各島）歸亞都羅門管理，一部由胡新統治是也。前者於公文上常稱爲龍牙或廖內之蘇丹，因其首邑在龍牙之故。彼所統治之廖內龍牙羣島（Riho-Lingga Archipelago），現入荷人勢力範圍之內，其初則係柔佛之屬島。胡新因久居星洲，故常稱爲新加坡之蘇丹矣。彼於名義上爲彭亨與柔佛（廖內龍牙羣島除外）之君主，而事實上則係一無國土之帝王也。因天猛公與朋達哈拉從不允許其參與彼等所統治之疆土耳。至於荷人則一心擁護其被保護者（指亞都羅門）在彼統治之島上行使職權，維持秩序，但荷人不願與以其他之助力，使彼與彭亨、柔佛之間爲庶政上之商討，蓋其人而無外界之聲援，實無能力以克服此困難耳。荷人更爲亞都羅門獲得克里魔羣島，此一羣小島在新加坡海峽之西南，於軍事上佔有重要之地位。查此等島嶼，不但爲天猛公之封地無可置疑，且並爲其賦稅之所自出，但荷人認此島羣在其勢力範圍之內，故荷蘭遂公開宣稱爲亞都羅門之領地矣。蘇丹胡新當非廿願，中明拒絕，至一八二七年，在克里魔羣島上之胡新之屬員，竟被亞都羅門之黨羽及協助黨羽之荷蘭軍隊所驅逐。檳城官吏，對此事變之態度，絕對保持嚴格之中立，一因在割讓新加坡之條約中，並無明文規定，須英人協助馬來領袖，二因東印度公司董事之命令須恪守中立也。正在荷人併吞克里魔羣島之前，海峽政府適獲東印度公司之訓令，謂荷人對此羣島，可任意處置，因根據英荷條約，此羣島適在荷人勢力範圍之內，故東印度公司殊無干涉之權也。

一八二四年之英荷條約，竟使東印度公司對於亞齊（爲蘇門答臘之一國，又爲部落種族之名稱）之關係根本改變。關於亞齊約文中之大意，悉照一八一九年萊佛士與亞齊所訂之條約而決定。當雷佛士派遣人員與亞齊訂約以來，已歷五年之久，而亞齊在此時期中一切狀況竟日趨惡劣。蘇丹阿拉姆沙 (Alam Shah) 雖已復位，但永無施政之權力，而中央政府亦幾完全瓦解，故此國家已成爲無政府之狀態。從雷佛士條約簽字之日起，此條約卽成廢紙，因蘇丹實無權力以行使其職務也。東印度公司亦不欲運用武力以完成其已得之權益，設欲如此，則必靡費國帑從事討伐，況欲征服全國，亦一至難之事耶。所最可異者，檳城與亞齊之貿易，竟日興而月盛，發達之狀，自昔所無，因其時獨立之部落，均開放口岸，對英貿易。至蘇丹之政令，實不出於亞齊之首邑。

雷佛士條約之被引證於一八二四年英荷條約之換文中者，悉已決定，文中陳述，似含矛盾之點，蓋其立意，無非欲逐出荷人貿易於亞齊之外也。故於換文之中另有一簡括之協定，謂當英國商船與英國人民到達亞齊之時，應與以熱誠之款待，有禮之歡迎，至荷人則應尊重亞齊之獨立。

東印度公司董事對此有計劃之改變，一致嘉納，蓋公司所抱之政策，凡有引起馬來亞戰爭可能性之聯盟，向所拒絕也。其致英國政府之公文，曾明白指出若英荷條約不影響於雷佛士之協定，則有所變更，亦極需要，因公司董事從不贊成與亞齊發生更密切之關係耳。卽使與亞齊祇爲商業上之協定，亦須令印度英政府審愼處理。於是英國政府致一訓令與檳城，着檳城參議會鄭重考慮此祇關商業上之協定，應否訂立。同時更使檳城政府（其時之海峽殖民地政府設在檳城）得到一種印象，即英國對於亞齊之政治利益業已終止。

檳城參議會議決此種商業協定毋須訂立，因與毫無權力之中央政府（指亞齊）互相商討，必徒勞而無功；若與各個獨立之部落分別締結，亦不需要，蓋其時各部落之酋長無不欣然願意與英人為自由之貿易。其惟一之危險，即為荷蘭、彼之善意常使參議會發生強烈之懷疑。檳城方面所認為恐懼者，即荷人在亞齊之建立其勢力，一旦成功，雖未必與英國商務一致命之打擊，但層出不窮之阻礙或防不勝防之騷擾，定必發現，如徵收重稅，其一例也。所以檳城參議會一致通過應嚴密監視荷蘭對亞齊之行動。

嗣後英國對亞齊之政策，完全依照檳城之建議。自一八二四年以後，凡對於亞齊及整個蘇門答臘之外交關係及政治關係，完全停止，如有接觸，純係商務。惟於一八三七及一八四四年則發生一例外，其時英國軍艦駛往亞齊，膺懲行同海盜之土酋，要求賠償商人之損害是也。

一八七一年十一月二日，大不列顛與荷蘭帝國另締一約，根據此約，荷人得在亞齊自由行動，而荷蘭則以非洲西岸之殖民地交給英人以報之。據一八二四年之英荷條約，荷蘭固同意於尊重亞齊之獨立但據一八七一年協定之第一條，則英政府允許荷蘭得在蘇門答臘之任何部份擴張治權，英人不加反對。英人在蘇島之商業利益不但健全，而且有相當之發展，據協定第二條中之規定，凡蘇島之任何部落，自此以後，均得爲荷蘭之附庸，但英國商務得與荷蘭商務站在同等地位，而享受一切特殊權益。然而英商在昔所繳納之賦稅，祇爲輕微之亞齊關稅，自此以後，將不得不依照荷蘭之重稅繳納矣。大不列顛放棄有價值之商業上之獨占，拋去可以獲得亞齊之良機，至足惜也。考英人之必須控制亞齊，實爲一八一九年書佛士協定中重要之一部，因亞齊適位於檳城對岸，而其時之檳城則又爲馬六甲海峽北端入口之孔道也。此一八七一年協定所得之惟一結果，使大不列顛陷入亞沙帝（Ashanti）（在西非洲，即荷蘭交給英國之殖民地）戰爭之中，而荷蘭亦無掛無慮，一心征服亞齊，雙方戰爭，竟歷三十三年之久。

（註）Bendahara, Temenggong, Yamtuan 等，均係官銜，而非人名。

英屬馬來亞 (British Malaya) 一名英人已自知不妥故現均用馬來亞 (Malaya) 代之考英人在馬來亞直接統治 (Direct Rule) 之區域，祇千餘方哩，如馬來聯邦與馬來屬邦均爲間接統治 (Indirect Rule) 之區域，其面積反有五萬餘方哩也故混稱曰英屬馬來亞於理未合。況英人或有以馬來亞如南非聯邦、加拿大、澳大利亞等爲大英帝國獨立之部之意，換言之，欲使馬來亞成爲國家之形式也。

馬來亞、菲律賓及荷屬東印度羣島，如能徹底合作，捐除成見，聯合造成一馬來大國，則不但可粉碎日本之南進政策，且可永保太平洋以後之太平，惜英、美、荷、法對此無多大之注意耳。

有文原名爲 The Anglo-Dutch Treaty of 1824, 係 L. A. Mills 所著，刊載於 Journal of the Malayan Branch, Royal Asiatic Society Vol. III, Part II 中。密爾斯爲研究英國與馬來亞關係史之專家，彼所著之論文，宏博精確（惟印刷間有錯誤）得未曾有，作文時，引用昔時名著，稽考政府檔案，不可勝數，余對於密爾斯之論文，首選譯英荷在遠東之競爭，一八二四年之英荷條約，南寧戰記，英暹在馬來半島之關係，海峽殖民地之吏治，觀東印度公司之馬來亞政策等數篇。

英荷條約之基本精神，爲劃分英、荷兩國在馬來羣島之統治權，而大霹靂、雪蘭莪、森美蘭、彭亨及柔佛將歸英國統治，亦於此文中已見其端倪矣。至關於吉打、吉蘭丹、丁加奴及玻璃市之歸英國保護，則可於英暹在馬來半島之關係一文中見之。

此文另有單行本，由上海中南文化協會出版。

本文可與第一篇第二段歐風東漸時代之馬來亞互相參看，則更有興味。

在括弧內之註解，係由譯者加入，特此申明。

三 一八二四年之英荷條約

四　馬來亞之原始民族

捨中國人印度人及有史時代之移民而外，馬來亞之居民計有四種：一曰尼格列都人（Negrito）二曰沙蓋人（Sakai）三曰雅貢人（Jakun）或稱原始馬來人（Proto-Malay）四曰已開化之馬來人，然在人類學上，認沙蓋人已混有尼格列都人之血統焉。

考尼格列都之名稱爲西班牙之著作家所創製，用以代表髮如羊毛軀如侏儒之菲律濱之海膽人（Aetas），而其血統據若干人類學者之主張，謂已漫延於馬來羣島之全部，更有謂印度及印度支那之民族中亦含有海膽人重要之成分。此種理論就現在觀之，純爲一種臆測之界說，不過呂宋（Luzon）棉蘭老（Mindanao）與巴拉旺（Palawan）之海膽人，安達曼羣島（Andaman）之民可庇人（Mincopies），及馬來亞之尼格利都人間當有不少關係則可斷言也。此種侏儒之在大霹靂者，稱曰石芒人（Semang），在馬來半島之東岸者稱曰般眼人（Panyan）。散居於半島之西岸者大概在董里（Trang）（屬暹羅）與天定（Dindings）之間，散居於內地者則在上霹靂

(Upper Perak) 及吉蘭丹 (Kelantan) 境內。彼等係一種逐水草而居之民族，其數約在二千左右，概棲息於上蔽樹葉外無牆壁，而爲獨木所支大如雞棚，以木條合成地板之小舍中，蓋彼等既不能造屋，又不能製小舟與木筏也。彼等之食物，爲叢莽中之樹果，可充食料之根莖，及獵獲之禽獸。其使用弓矢之法與在菲律濱之土人無異，不過在馬來亞者現已效法沙蓋人而更用吹矢 (Blow-pipe) 矣。尼格利都人除使用弓矢而外別無所知，即使用弓矢之法，大抵亦從別種民族模擬而來，其社團生活之所不同於猿猴者，不過對於獵取禽獸之術較爲精巧，又知人人之間互通消息，并可利用所得之消息而已。若輩不知食物之貯藏，又無預防日後缺乏之思想。上無統治之首領，又無部落之組織，而祇有各自獨立之家族團體，在家族中之各員，則完全自由平等。貪婪與殘酷，虛僞與口角，以及竊盜、暗殺、姦淫等行爲，在彼等樸實之性質中絕不存在，至於婦女則係溫順嫻雅之典範，芬芳之紅花綠草爲婦女插於惟一纏腰布上之裝飾品。若輩除對於雷電發生恐懼及幻想死者之能給彼禍而遍植結果纍纍之樹木外，別無宗教信仰。彼等爲屬於短頭之圓頭人種，或屬於中頭即介於圓頭與長頭中間之人種乎？則兩種形狀均有發見，此殆如在個別之尼格列都人中，有時亦有如沙蓋人之鬆髮，而與本來形如拖帚密如羊毛之頭髮不同也。若輩於何時移入馬來亞乎？我人迄今未悉。若輩在沙蓋人之後來此乎？則無論在印度支那或在馬來亞，在新石器時代以前之彼等骨骼之遺骸，目前尚未發見也。所最可異者，在馬來亞之若輩中之大部份，均散居於海濱沼澤之區，而從不如沙蓋人之棲息於崇山峻嶺之中，卽在馬來亞之南半部份，若輩亦從不移入。此種遠古之民族，衡以近世所知之事實，似自亞洲大陸移來，但仍爲人類學上一疑惑難決之問題也。

較尼格列都人體格略高，膚色略淡之沙蓋人（卽山奴人）有鬈曲之頭髮，較長之頭蓋。若輩面部每塗以顏色之細條及各種花紋，其所用之武器卽爲吹矢，係一長而中空之竹管，矢端附有植物質毒藥（Antiaris toxicaria）（土人稱Upas）之箭，卽從此吹出者也。彼等之住屋與馬來房屋相仿，建築堅固，前有走廊，常聚族列屋而居，儼然一社會團體矣。沙蓋人約有二萬，內分若干部落或家族，每部每族由首領統治之。若輩能種植山稻、甘蔗、玉蜀黍、香蕉、煙草，與古代之馬來人無異，不過古代之馬來人更知經營果園與種植水稻耳。當山地變成瘠土之時，亦知移往別處另行開闢，彼等亦如已開化之馬來人，對於諸種疾病之神非常恐怖，更有一奇特之風俗，凡已死之術士，決不埋葬於地內，必以屍身懸掛樹上或懸於屋中，謂如是則野狼猛虎及術士役使之魔鬼能將屍身分裂，使術士之靈魂得以上升天堂云。此種風俗之遺跡，在馬來人中仍可見之。至於一般死者之坟墓上，每置有食物及私人應用之物品。其語言似爲馬來由坡里尼細亞（Malayo-Polynesia）語，而雜以猛吉蔑（Mon-Khmer）語，居於深山之沙蓋人有印度尼細亞人（Indonesian）別稱尼西渥人（Nesiot）之表徵，其實此種山族具有澳米人種（Australo-Melanesoids）之本體，而與雲南、南中國、印度支那、菲律濱、台灣、婆羅洲、西里伯及蘇門答臘之山族，有血統上之關係。住於山麓之沙蓋人更不純粹，在半島之北部者，不但與原始澳米人種之血統有關，而且雜有尼格列都人之血液，在南部者則雜有雅貢人之血液。此特創之澳米人種一複合語，不但可與近代之澳大利亞土著避免混淆，並可與近代巴布亞人（Papuan）之遠古之祖先得以區別。據近代人類學之探討，謂沙蓋人屬於澳米人種，乃比較最確切之定義也。

澳米人種之血統似又爲南彭亨、森美蘭、柔佛、廖內羣島（Riau Archipelago）及蘇門答臘東岸之雅貢人或稱原始馬來人之重要成分。斯開特（W. W. Skeat）（爲研究馬來人種之大家）

諷刺昔日之著作家謂尼格列都人爲一艘破壞之阿刺伯帆船之假定，十分恰當，但自古物與介殼堆發掘以來，彼嘲笑一探險家在六十年前揣測柔佛之土著或與巴布亞人有關之說，彼已覺非常疑惑矣。在柔佛境內之雅貢人具有巴布亞人之特徵，固確切不移，此無怪不明科學之遊歷家最初之觀念，每以尼格羅火夫爲彼等之祖先也。雖澳米人種之血統爲彼等體格中之重要成分，且更混有印度尼細亞人之血系，然無論居於陸地，棲於海上之雅貢民族，均如已開化馬來人之屬於蒙古人種（Mongoloid），蓋彼等中之大部份，均爲圓頭長髮之人也。考蒙古人種一名稱，乃用以指示近代民族之含有純粹蒙古人與華人之種種特徵者也，馬來人之老家，從語言學上的根據，可追溯至古婆（Champa）（安南），交趾支那及柬埔寨，而從現在文化上所得之證據，竟可追溯至雲南之西北，原始馬來人現已證明爲印度尼細亞人與蒙古人種所混合構成，故混血馬來人（Deutero-Malay）或眞正馬來人之名稱，有時卽用以形容宅居於馬來羣島沿岸及半島之現代馬來人。換言之，原始馬來人之後裔，卽混有現代印度人，中國人及阿刺伯人之血液也。

雅貢人極少從事於農業。此種原始馬來人有統治部落之首領（Batin），並能記憶部落成立之日期。住於叢莽中之雅貢民族恃樹果與獵取禽獸爲活，棲息於海上者，則以捕魚爲生。有些雅貢人能與華人訂約，允爲斬伐沿海岸之叢莽，或搜集籐枚與野林中之物產。雅貢人雖常與沙蓋人互相接觸，然從不混雜蒙吉蔑語，其所講之馬來語，比已開化之回教馬來人更爲純正。在彭亨與柔佛叢林中之雅貢人，當搜尋野樟腦樹時，竟能運用許多人所未知之字彙。若輩信仰山石樹木死屍武器之上，常有神怪附着，認爲有害此種習慣與大多數已開化之馬來人無異。雅貢人浮海來馬來半島事蹟，可能列維（Sylvain Levi）會引若干證據，謂在耶穌紀元前數千年，印度杜拉維德（Dravidian）時代以前之文化，受以海爲生之原始馬來人之影響不少，此外如地方之名稱及裝有槳叉架之小舟，亦均有痕跡可尋矣。迨至有史時代，此原始馬來人中之海族，卽爲創造馬六甲及柔佛之馬來帝國之重要份子。葡萄牙人巴魯斯（de Barros）於一五五三年時，稱此種民族曰石叻人（Cellates），石叻馬來語爲海峽（Selat）故石叻人者意爲海峽之人民也，此種名稱，其實錯誤，伊來狄（Godinho de Eradia）於一六〇〇年時，謂馬六甲城尚未建設以前，其地卽爲石叻人（Selates）所居住，此係一種捕魚之民族，均受馬六甲國之保護。若輩使用之尖槍名曰 Saligi（此字現用爲新加坡路名之一）對於用法極其嫻熟，即在海中較深之魚亦能用槍貫穿魚腹而捕獲之，彼等除尖槍而外，別無其他武器。當馬六甲爲歐人所統治時，雅貢仍承認柔佛之王爲若蠻之主宰。當一七一七年柔佛之首邑拉馬（Johor Lama）被一蘇門答臘之覬覦者（即亞齊人（Achinese））奪取時，彼之勝利實由於柔佛之海軍司令行賄於海族雅貢人之首領泥伽羅酋長（Raja Negara）而成功，事關家醜，故此使人者之來臨從不發表也。在一七三八年時，雅貢人九部落之首領曾謁柔佛蘇丹蘇來曼阿拉姆沙（Sulaiman Badr al-Alam Shah）而得到誇耀之尊號矣。

已開化之馬來人雖有各種原始民族之血統如我人已經所推測者，科學上能與以確切之定義乎？在印度支那曾發見澳大利亞人種（Australoid），米蘭細亞人種（Melanesoid），尼格列都人及印度尼細亞人等之頭蓋骨，但吾人無法將若干人類一一放入試驗管內而加以個別之檢討也。操賤役之奴隸，更爲各種血液之混合體。即在近代回教時代，在上霹靂之許多馬來人咸混有尼格列都人血液之特徵，而大哖靈及彭亨境內之馬來人則概沾有沙蓋人之血液。拉沙馬那（Laksamana）貴族，即古代馬六甲國海軍軍閥之開創者名曰漢都亞（Hang Tuah），其人爲一來自兵打島（Bintan）越新加坡港口之雅貢人也。王室之內常嬌藏各地之婦女，如馬六甲之蘇丹馬哈穆沙（Muhammad Shah）（1424—44）娶一太密爾（Tamil）婦女，其子卽蘇丹無剳佛哪沙（Muzaffar Shah），而彼之孫芒連沙（Mansur Shah）則娶一爪哇女，中國女及暹羅女爲妃，逝妃所生之二子則均爲彭亨之蘇丹。從哈德蘭謨（Hadramant）來之哲人（Sayid）則到處與馬來貴族之婦女結婚。夫卡魯孟德（Coromandel）（卽我國古代所稱之注輦（Cola））沿海與吉打之間直接通商者繼續且二千餘年之久，而在古馬六甲則有不少信仰回教之古者拉人（Gujaratis）及太密爾人。在北部之馬來民族與歹種（Thai）卽近代暹羅人互結姻婭。亞齊人（Achinese）統治大霹靂者達一世紀之久。武吉斯人（Bugis）不但拓殖雪蘭莪，而且與半島全部互相貿易，屢起戰爭。在大年（Patani）及吉蘭丹境內有殘存之爪哇文化遺跡，此固顯而易見，可上溯至十四世紀滿者百夷（Majapahit）帝國入侵之時代。自馬來亞成爲英國保護時，半島沿岸仍爲爪哇人、武吉斯人與班渣人（Banjirese）所盤踞。然此等民族無一有似已開化馬來人之形態也。

（註）尼格羅人（Negro）對於尼格利都人究竟有何關係，在人類史中至今尚無充分之證明，故吾人不應將此二種

民族混而爲。考尼格羅人之體高爲六八吋，頭指數（Cephalic index）爲七三至七五（頭指數者即頭闊與頭蓋骨長之比值也）。尼格利都人中之民可庇人高五八又二分之一吋，頭指數八三，石芒人高六〇吋，頭指數七九，海瞻人高五八吋，頭指數八二。

馬來亞中土著之名稱非常複雜，在吉蘭丹之尼格利都人稱曰般眼人，在馬來亞之北部者稱曰石芒人，在大霹靂與彭亨之沙蓋人或稱山奴人（Sonoi），在彭亨、森美蘭與柔佛之原始馬來人稱曰雅貢人，Benna 人，Mantera 人，Bidnanda 人，Udoi 人。沿海之土著則稱 Laut 人，Gelam 人，Kalang 人，Tambus 人，Tening 人，Seletar 人。而沙蓋人與原始馬來人之混血種特稱曰 Besisi 人。

馬來土著各部落之首領稱曰 Batin, Penghulu，副首領稱曰 Jenang。

Laksamana 華言海軍大將。考馬來人對於君臣之稱號極爲複雜，如 Tengku, Tuan 等來自印度尼細亞語，如 Raja, Bendahara, Maharaja, Laksamana 等則來自梵文，如 Sultan, Shah 等則來自阿剌伯語。此外尚有種種稱號，遇必要時當加解釋矣。

回教預言者之男性後裔稱曰 Sayid 女性後裔稱曰 Sharifah，實即回教徒之尊稱也。

Hang Tuah 爲衛護蘇丹最勇之戰士，彼曾手刃一狂暴之爪哇人而得蘇丹之寵幸，每逢蘇丹遊幸，彼必隨從，遇有房處戰士與其挑釁，彼必挺身而鬪，從不畏縮，因此賜以海軍大將之尊號而成爲馬來英雄及受馬來婦女之崇拜。關於漢都亞奇聞鬪遇之事跡，至今流傳甚廣，彼之傳記在馬來文字中推爲傑作矣。

蘇丹馬哈穆沙即西里麻哈剌（Sri Maharaja）。考芒速沙與華婦所生之子封爲雪蘭我境內奇蘭（Jeram）地方士而與小哇婦所生之子，則爲一暴徒所殺死。

列維爲法國研究佛學之大師，吾國之大唐西域記早由列維譯成法文。巴魯斯與伊來狄均爲十六世紀時葡萄牙之著作家。

温士德博士(Richard Olaf Winstedt)爲馬來亞之歷史大家也。彼不但精通馬來語文，且擅荷蘭文學，於一九〇二年來馬來亞任代理視學官之職，至一九二一年爲萊佛士大學之副校長，越年即升爲正校長。一九二四年更升爲第一級甲等文官(Class IA)而榮任爲七州府之提學司(Director of Education, S. S. and F. M. S.)矣。一九三一年改任爲柔佛高等顧問，至一九三六年告退回國，任爲倫敦大學之馬來文教授。彼關於馬來亞之著作極多，而最出名者，厥爲馬來亞歷史(History of Malaya)。本文即該書中之第一章第一節也。惟譯者參照衛金孫(R. J. Wilkinson)所著之 A History of the Peninsular Malays 一書略有增改，特此申明。

衛金孫爲研究馬來事物之大家，彼主編之馬來論文(Papers on Malay Subjects)如政治、法律、歷史、風俗、文學、藝術等等，均歸政府承印，供給文官閱讀，外界人士頗不易得。彼來馬服務之期，較温士德爲早。惟此兩人均稱爲英國之馬來專家矣。